성장 나침반

성장 나침반

초판 1쇄 인쇄 2025년 9월 15일
초판 1쇄 발행 2025년 9월 22일
지은이 미니다미
펴낸이 김정임
펴낸곳 맑은날들
주소 서울시 광진구 아차산로70길61, 501동 1307호
도서문 sunnydays132@naver.com
등록 2024년 3월 13일 제2024-000022호
ISBN 979-11-987642-2-5 03190

※ 이 책은 저작권법에 따라 보호받는 저작물이므로 무단 복사·복제·전재를
 금합니다. 이 책의 전부 또는 일부를 이용하려면 반드시 사전에 저작권자(지은이
 미니다미)와 맑은날들의 서면 동의를 받아야 합니다.

※ 잘못 만들어진 책은 구입하신 서점에서 바꾸어 드립니다.

※ 책값은 뒤표지에 있습니다.

성장 나침반

미니다미 지음

돋보이는 경쟁력으로 독립하라!

맑은남득

들어가는 말

　필자는 오랜 기간 메모하는 습관을 가지고 있다. 학교 졸업 후에도 노트와 펜을 가지고 다녔으며, 스마트폰 시대 이후부터는 메모 앱을 계속 사용했다. 해야 할 일, 기억하고 싶은 점 등을 끄적이는 버릇을 들였다. 성장하는 와중에 결혼도 하고 두 아이의 아버지가 되었다. 의무와 하고 싶은 일 등을 적을 때 내 자신을 위한 것도 있었지만, 자녀에게 무언가 남겨주고 싶은 메시지 또한 쓰기 시작했다.

　그렇게 몇 년간의 노력, 배움을 통해 알게 된 것, 깨달은 점을 책으로 정리했다. 그리고 분신과도 같은, 절대 무엇과도 바꾸지 않을 자녀에게 해주고 싶은 이야기로 엮었다. 그래서 문체도 스스로에게, 그리고 자녀에게 이야기하듯 작성하였다. 이 점 양지의 말씀을 올린다. 또한 주관적인 생각이 많이 담겨 있다. 독자의 성향이나 생각이 필자와 많이 다를지라도 널리 이해를 부탁드리는 말씀 또한 드리고 싶다.

처음에는 자신을 위한 메모, 자녀를 위한 일종의 비법 정도로 묻힐 뻔했다. 그런데 수년간 만지고 작성한 것을 그냥 그렇게 나, 우리 가족을 위해서만 쓰자니 많이 아까웠다. 막상 책을 내기로 결심했을 때 내 이야기를 많은 사람들은 과연 어떻게 생각할지, 많은 공감을 얻을지도 궁금했다. 친한 친구 한 명이 '사람은 서른 살이 되기 전에는 함부로 자기 생각을 이야기해서는 안 된다.'라는 이야기를 한 적이 있다. 그만큼 젊은 혈기를 누르고 단련의 과정을 거쳐야 하고 어느 정도 경험이 쌓인 후 이야기를 해야 한다는 점에서 공감했다. 30대가 훌쩍 지난 지금에서야 그간 참아왔던 순전히 나의 이야기를 정리해 보았다. 가족, 특히 배우자의 격려가 없었다면 책으로 절대 나오지 못했을 것이다.

필자가 그간 생각해 온 것들을 네 가지 부분으로 재구성하여 책을 만들었다. 이 책은 첫째, 경제교육, 둘째, 인간관계, 셋째, 일머리 공부, 넷째, 삶의 과정 편으로 구성되어 있다. 학창시절, 사회생활, 가정생활 등 삶에 모두 필요한 내용들이라 본다.

모쪼록 독자 여러분께서 단 하나라도 공감하고 삶의 작은 부분이나마 책 내용이 도움이 되었으면 하는 바람이다.

진심을 담아
미니다미 드림

목차

들어가는 말 · 5

제1부 경제교육

1 기본 높은 정기 소득을 만들라 · · · · · · · · · · · · · 15

2 평소 검소하되 써야 할 때 과감하게 쓰라 · · · · · · · · 17

3 집은 투자 대상이 아니다 그러므로 집부터 사라 · · · · · 19

4 적은 노력으로도 정기 소득이 높으면 기부에 힘쓰라 나아가며 옆, 뒤도 돌아볼 줄 알아야 한다 · · · · · · · · · · · · · 21

5 투자소득에 힘쓰라 투자는 경제 흐름을 타는 것이다 남의 말은 참고하되 의존하지 말고 스스로 판단하고 실행하라 · · · · · · · · · 23

6 리스크와 수익의 상대성. 선택에 따른 가능성을 파악하고 이를 적극적으로 활용하라 · · · · · · · · · · · · · · · · · · 26

7 돈에는 눈이 없지만 발은 있다 열심히 벌어 지켜라 · · · · · 28

8 어디든 편하고 안전한 돈벌이 자리는 없다 · · · · · · · · 30

9 조각내서 파는 마법의 원리 · · · · · · · · · · · · · · 32

10 인플레이션은 결과가 원인보다 중요하다 즉, 결과적 현실 직시와 그에 맞는 대응이 원인 탐구보다 중요하다 · · · · · · · · · 36

11 현금을 바로 받는 일을 하라 본인이 사용하는 신용은 적절히 활용해야 한다 · · 39

12 현금 흐름의 3원칙 영업, 투자, 재무 활동을 달리 말하면 고정 주수입, 투자 부수입, 빚의 적절한 활용이다 · · · · · · · · · 43

13 타인의 수요 만족이 돈이다 · · · · · · · · · · · · · · 45

14 불안을 팔고 해소해 주는 것도 돈벌이가 될 수 있다 반대로 너 자신은 불안해하고 두려워하면 당한다 · · · · · · · · · · 47

15 주식투자는 본인 돈으로만, 부동산은 레버리지를 일으켜 사라 · · · · · 51

16 투자는 열광적인 팬들을 많이 확보할 수 있는 곳에 해야 한다 · · · · · 54

17 신 현대 자본주의 구성요소 : 토지, 노동, 자본+기술, 금융 · · · · · · · 57

18 장사는 단가, 부가가치가 큰 것을 파는 게 좋고, 시장 크기가 작더라도 독점 가능한 비즈니스를 해야 한다 · · · · · · · · · 61

19 대출을 잘 활용하면 지렛대 효과를 생각보다 크게 누릴 수 있다 · · · · · 63

20 유명해져라 그럼 빨리 부자가 될 수 있다 · · · · · · · · 65

21 유망 산업의 중간 유통(길목)이 돈이다 · · · · · · · · · · · · 67
22 너무 완벽할 필요는 없다 적당히 합리적인 가격에 사면 된다 · · · · · 70
23 인플레이션을 타라 · 72
24 좋은 기업 경영 3요소 : 비용절감 선점 점유율 확보 시장 잠재력이 높은 혁신 74
25 금융을 이해하고 활용한다 · · · · · · · · · · · · · · · · · 77
26 시대의 흐름에 맞춰 살라 · · · · · · · · · · · · · · · · · 79
27 복권을 사기보다 파는 사람 혹은 게임을 하기보다 개발자가 될 것을 고민하라 80
28 신용을 잘 활용하는 것이 큰 성공의 길이다 · · · · · · · · · 83
29 거래, 장사를 한다면 이익률이 높은 것으로 한다 · · · · · · · 85
30 시험에 나올 문제를 공부하듯 돈도 벌만 할 일을 해야 한다 · · · · 87
31 기업회계를 단순히 이해하라 · · · · · · · · · · · · · · · · 89
32 사업을 한다는 것은 무언가 판다는 것이다 · · · · · · · · · · 91
33 사업성장의 4가지 조건 : 경영 판단 자원의 배치 안정 성장 법의 활용 · · 93
34 주체별 경제적 성장 2요소 : 개인 = 근로소득 + 자본소득
    회사 = 창업도전 + 투자성장 · · · · · · · · · · · · · · · 96
35 사업하기 좋은 환경 : 저환율 저유가 저금리 · · · · · · · · · 99
36 1등 기업의 발굴 : 숲을 보는 거시적 흐름 파악 좋은 재목을 알아보는 세밀함 102
37 Need, Want, Like의 차이를 알면 돈을 쉽게 많이 벌 수 있다 · · · · · 103

제2부 인간관계

38 도움을 주고받을 만한 친구를 잘 두라 · · · · · · · · · · · 107
39 친구는 네가 도움을 줄 수 있어야 한다 그래야 주위에 사람이 많고 너를 따른다 108
40 공감대: 많은 사람의 마음을 얻을 수 있다면 무엇이든 될 수 있다 · · · 110
41 상대방 관점에서 듣고 싶어 하는 말 필요로 하는 것을 줄 수 있어야
    성공한다 · 112
42 다른 사람이 나를 먼저 찾아오게끔 해야 한다 그 유명세를 얻기까지는 내가
    먼저 적극적으로 찾아간다 · · · · · · · · · · · · · · · · 116
43 새로운 세대의 유입 : 세대교체는 언제나 이뤄진다 그 세대의 마음을 잡아야한다 118
44 관계의 기본은 웃는 얼굴로 인사하는 것이다 · · · · · · · · · 120
45 유머는 소통의 큰 능력이다 · · · · · · · · · · · · · · · · 121
46 대면은 자신감 있는 눈빛과 분명한 목소리가 9할이다 · · · · · · 122
47 표현은 조리 있게 한다 · · · · · · · · · · · · · · · · · · 124

48 아닌 것 같으면 빨리 끊어내야 한다 · · · · · · · · · · · · · · · 126

49 언제든 내가 위태로워질 수 있다 과거를 알지 못하면 미래 자신의
위태로움을 대비할 수 없다 · · · · · · · · · · · · · · · · · · · 128

50 훌륭한 선인의 경험과 가르침을 받아들여 자신의 스타일로 재해석해서
실행한다 · 130

51 누구나 자신의 세를 불리려는 편을 만들어 보호하려는 섭리를 이해하라 · 132

52 기술이나 인품이 훌륭하면 사람이 모인다 단, 기술이 없어지면 사람이
없어지나 인품은 죽어서도 사람이 모인다 · · · · · · · · · · · · · 135

제3부 일머리 공부

53 사업가 마인드로 일하라 · 141

54 지금 가장 필요한 것을 먼저 한다 단기, 장기 계획을 세우고 일의
우선순위를 정하고 착실히 행한다 · · · · · · · · · · · · · · · · 143

55 익숙해지는 것 그것이 곧 실력이다 같은 방식에 안주하려고만 하면 그것은
정체이다 · 145

56 기존 방법에 능한 것을 기본으로 새로움을 끌어내는 창의성이 필요하다 148

57 편견이 없어야 기발한 창조가 나오고 그것을 발전시킬 수 있다 · · · · 150

58 필요한 일인데 하기 싫은 일이 있을 수 있다 그런 일은 하기 싫을수록
더 해야 성공한다 · 153

59 언제나 잘할 수는 없다 때로는 휴식도 필요하다 그리고 모든 것을 잘할
수는 없다 잘하는 일에 집중하라 · · · · · · · · · · · · · · · · 155

60 항상 성공할 수도 없기에 묵묵히 나가면 된다 · · · · · · · · · · · 158

61 내가 좋아하는 일보다 남들이 좋아하는 일을 잘하는 게 성공에 더 가깝다 160

62 남을 대신해 주는 일 내가 아니면 대체 불가능한 일을 한다 · · · · · 162

63 나 스스로 판단하고 직접 실행하고 그에 대한 책임을 진다 그리고 그
책임에 합당한 보상을 받는다 · · · · · · · · · · · · · · · · · · 164

64 의사결정 문제 해결력으로 본인의 진가를 인정받을 수 있다 · · · · · 166

65 여유로운 사람이 실수가 적다 미리 준비하고 급해도 차분히 행한다 · · 168

제4부 삶의 과정

66 공부는 평생 하는 것이다 · 173

67 자기 자신을 항상 갈고 닦으라 공부든 경험이든 그것이 가장 큰 투자이다 175

68 잘되는 예를 배우고 행한다 종국에는 자기 것 자기 스타일로 행한다 · · 177

69 듣는 만큼 듣고 보는 만큼 보이고 하는 만큼 더 느끼고 배울 수 있다·· 180

70 모르는 것은 게으름의 결과이고 앎에도 행동하지 않으면 더 큰
게으름이다·· 182

71 행동이 답이다 쓰지 않는 지식은 머리만 아프게 한다········ 184

72 시도하지 않으면 성공은 없고 후회만 남는다················ 186

73 뒤돌아서다 뒤통수 맞지 않는다 맞으면서 앞으로 밀고 나간다···· 188

74 인생은 곧 수많은 선택의 결과이다 결과가 두려워도 선택을 해야 한다·· 190

75 충분히 준비되어 있을 때 이거다 싶으면 곧바로 잡을 수 있다···· 192

76 결정은 신속해야 한다 우왕좌왕하지 말라 신속하기 위해 미리 준비해야
하고 결정 후에는 그대로 충실히 실행하면 된다············ 195

77 인생의 3요소 : 자신감 결단력 집중력······················ 197

78 네가 내딛는 발걸음에 따라 미래가 결정된다················ 199

79 잘 되리라 믿으면 된다···································· 201

80 세상에 긍정적으로 덤비자 성공은 운, 실력, 그리고 실행의 합이다·· 203

81 미래가 과거와 똑같이 되지는 않는다 그러나 비슷한 패턴으로 흐른다·· 206

82 세상 흐름은 일반적 패턴이 있지만 예외도 있다·············· 209

83 인생사가 흐름이다 자신의 흐름을 만들 줄도 알아야 하고 세상의 큰
흐름을 파악하고 그것을 잘 탈 줄도 알아야 한다············ 212

84 책 읽기는 남의 생각을 파악하는 훌륭한 연습이다············ 215

85 인생은 마일리지 쌓기이다 각자 쌓아 놓은 마일리지가 언제 사용될지는
모른다 그러나 분명한 것은 언젠가 터진다·················· 218

86 포기가 빠르면 성공이 빠르다 안 되는 것 붙잡지 말고 잘되는 것에 더
집중한다·· 220

87 큰 나무의 우연함을 배우라································ 222

88 모든 것은 마음에 있다 마음을 잇다························ 224

89 냉정하지만 사회는 자신의 이익에 따라 움직인다············ 226

90 자신에게 누군가에게 꼭 필요한 사람이 돼라················ 228

91 긍정적인 말과 적극적인 행동 그리고 겸손과 여유를 가지면 삶이 반드시
풍요로워진다·· 230

92 확률을 너무 갱신하면 평균의 함정에 빠질 수 있다·········· 232

93 젊음은 유한하다 30·40에 승부를 걸어야 한다·············· 234

94 구휼에는 조건부가 없다·································· 237

책이 나오기까지··· 240

제1부
경제교육

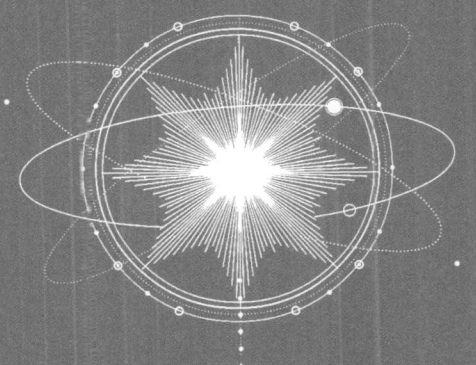

1
기본 높은
정기 소득을
만들라

일단 생활을 하려면 기본적으로 돈이 필요하다. 많으면 그만큼 선택의 폭은 넓어질 것이며 의식주라고 하는 필수적인 것을 영위하려면 최소한의 돈은 필요하다. 그것이 남의 밑에 들어가서 일을 하여 받는 월급이든 아니면 자기 사업을 해서 벌어들이는 소득이든 상관없다.

대신 그 소득이 정기적이어야 한다. 그것은 너 자신을 위해서 그리고 너의 가족을 위해서도 그렇다. 항상 예측 가능해야 한다. 고정적으로 쓰이는 지출이 있을 것이다. 그에 따른 일정한 벌이가 예상되어야 안심이 된다. 그래야 생활이 안정된다. 그런 측면에서 속칭 고정 급여를 받는 월급쟁이를 안정적인 직장인이라고 하는 것이고 특히 잘릴 일이 없는 요즘 시대

공무원을 우대받는 직업으로 여기는 것이다. 그러나 이는 물론 다시 생각해 볼 일이다. 안정에 머물기만 하면 발전은 없다. 우물 안 개구리는 더 넓은 세상을 보지 못하는 법이다.

　소득은 높을수록 좋다. 일단 무수한 돈을 다 쓸 수 없더라도 일단 가지고 있다는 사실 자체만으로도 심리적인 여유가 생긴다. 지갑이 두꺼우면 입은 더 무거워지는 것도 같다. 그만큼 조심스러우면서 할 수 있는 일에 무게감이 더해진다. 할 수 있는 일이 많아지면 네 시간도 절약해 줄 수도 있다. 하고 싶은 일을 하려면 네가 실제 찾아야 하지만 돈은 그 시간과 노력을 절약해 줄 수 있다. 언제든 얼마든지 더 좋은 사람, 더 좋은 서비스가 너의 결정을 기다릴 것이다. 그것도 더 싼 값에 말이다. 넌 선택만 잘하면 된다.

2
평소 검소하되 써야 할 때 과감하게 쓰라

어떤 사람은 그런 말을 한다. 돈을 시원하게 쓰라, 돈은 쓰는 만큼 들어오는 법이다, 라고 말하더라. 나는 그 말이 근거 없는 말이라고 생각한다. 만약 배움 등의 의지를 갖고 돈을 사용하는 것이라면 그것은 분명 남는 것이 있다. 그리고 그것은 어떤 형태로든 돌아올 것이다. 일종의 투자와 같다. 그러나 무작정 돈을 시원하게 쓴다고 해서 결코 그만큼 돌아오는 법은 아니다.

오히려 작은 것에 세심하고 큰일에 대범하게 임하라는 말을 기억해야 한다. 바꿔 말하면 평소 검소한 생활을 해야 한다. 현재 가진 것에 감사하고 있을 때 절약하고 남 앞에 겸손해야 한다. 그래야 인정을 받는다. 없는 데 있는 척하며 마구 쓰는 사람은 곧 밑천이 드러나게 마련이다. 평소 검소한 사람은 그 자체로 인정을 받는다. 그러던 와중 결정적인 순간, 써야 할 순간 과감하게 쓰면 된다. 그 순간은 집안에 필요한 대소사나 투자의 순간일 수 있다. 이 순간을 위해 평소 준비가 되어있어야 한다. 그 준비 과정은 곧 다시 말하지만, 평소의 검소한 생활로 이루어진다. 평소 검소한 생활을 하며 착실한 마음가짐, 그리고 공부를 해 놓으면 결정적 순간이 자신도 모르게 다가온다. 그때 망설임 없이 쓰면 된다. 망설임이 없으면 절대 남을 책망할 일도 없다. 그리고 그 결정적 순간의 선택이 미래의 네 운명을 바꿔 놓을 것이다.

3

집은 투자 대상이 아니다 그러므로 집부터 사라

월가의 유명한 투자자 중 피터 린치라는 사람이 있다. 이미 현역 시절 큰돈을 벌어 은퇴를 한 사람인데 그가 한 말 중에 '집은 투자 대상이 아니다,' 라는 말이 있다. 깊이 공감하는 말이다. 그런데 거기서 한발 더 나아가 생각해 보면, 그러므로 오히려 사회생활을 시작하면 집부터 살 것을 강력히 권고하고 싶다. 투자 대상이라고 하는 것은 결국 가격이 올라 시세 차익을 바라는 것을 생각할 수 있다. 집값이 오르고 내리는 것에 항상 예의주시하면 그것은 결국 집을 투자 혹은 심하면 투기의 대상으로 바라보는 것이다. 그런데 사실 월세, 전세가 아니고 자기 소유 집이라면 지금 얼마나 하고 앞으로 가격이 얼마나 될지 궁금한 게 사실 당연한 것으로 생각한다. 피터 린치가 말한 것은 자기 집은 사고파는 유동적 투자수단 개념이 아니라는 점을 강조한 게 아닌가 싶다. 이사가 쉽지 않듯 집을 한 번 사면 파는 것도 쉽게 생각하지 않는다. 실제로 쉽게 팔리지도 않는다. 형편에 맞는 집을 일단 사서 좋은 집으로 이사를 하든 아니면 좋은 집을 사서 눌러살든 집을 사는 전략을 세워 집을 샀으면 좋겠다.

일단 집을 가진 사람은 심리적으로 안정성을 가지는 게 일반적이란다. 내 어른 세대는 더 그랬고 내 집에 대한 애착이 굉장히 강했다. 세대가 변할수록 그 점은 약해지겠지만 그래도 사람이 땅에 발을 디디고 살고 일하는 건 변치 않으므로 자기 땅, 자기 집은 있어야 한다. 그게 곧 안정감이다. 경제활동을 시작하면 일단 집부터 최우선으로 먼저 사는 것을 생각해 봐야 한다.

4
적은 노력으로도 정기 소득이 높으면 기부에 힘쓰라 나아가며 옆, 뒤도 돌아볼 줄 알아야 한다

미국은 자유주의 내지 자본주의가 가장 발달한 나라이다. 세계 최고의 부자가 있는 나라이기도 하지만 빈부의 격차가 가장 큰 나라이기도 하다. 그럼에도 불구하고 세계 최강국으로 잘 돌아가고 있는 이유 중 하나는 기부문화가 있기 때문이라고 생각한다. 즉, 가진 자가 자신이 가진 것을 당당히 기회가 없는 사람들에게 나누는 문화가 있어 사회가 돌아가고 있다. 그 형태가 음식, 주거, 일자리, 장학금 등 사회에 필요한 요소요소 제각각으로 다양하다. 사회적으로 혹은 경제적으로 큰 위치에 오르게 된다면 반드시 기부에 힘써야 한다. 조직의 힘 혹은 개인의 힘으로 어려운 사람에게 어떤 형태로도 도움이 될 수 있는 일을 해야 한다. 어찌 보면 너의 그 높은 위치는 사회가 만들어 준 것이고 너의 기부는 그 사회에 '당연히' 은혜에 대한 보답으로 되돌려 주는 셈이다. 적은 노력으로도 정기 소득이 높으면 기부에 힘써야 한다.

나아가며 발전하는 사람은 꼭 뒤도 돌아볼 줄 알아야 한다. 앞만 보며 달려가는 사람은 지칠 수 있다. 늦는다고 생각하지 마라. 오히려 뒷사람이 너를 지지해 주고 너는 더 힘을 받게 될지도 모른다.

5

투자소득에 힘쓰라
투자는 경제 흐름을 타는 것이다
남의 말은 참고하되
의존하지 말고
스스로 판단하고 실행하라

열심히 일하기만 하면 부자가 될 줄만 알았다. 결론적으로 반만 맞은 셈이다. 노력이 무시되는 사회는 잘못된 사회이다. 그러나 현실적으로 매번 正의 결과만 나오지는 않는다. 삶에는 좋게 말해 요령, 기술, 혹자가 말하는 운도 필요할 때가 있다.

기본적으로 열심히 일해야 한다. 때론 죽을 각오로 일해야 살아남는다는 심정으로 이겨내야 잘 해낼 수 있고 최고가 될 수 있다고 확신한다. 그러나 그것이 결과, 그리고 돈의 결과와 결부시켜서는 안 된다. 자신이 열심히 일만 한다고 부자가 되는 것은 확실히 아니기 때문이다. 언제 어디서 어떤 일을 얼마나 왜 하는가에 따라 소득이 결정된다. 그리고 이 노동소득도 사람마다 다른 데 소비도 사람마다 다르다. 많이 벌어도 그만큼 많이 써버리면 조금 벌어 덜 쓰는 사람만도 못할 때가 있다.

기본소득(노동소득)에 더불어 부가적인 투자소득은 필수적으로 있어야 한다. 일명 재테크라고도 한다. 성경에 보면 주인이 세 명의 종에게 달란트를 맡긴 일화가 나온다. 한 명은 열심히 일해 10배를 만들어 큰 칭찬을 받았고, 또 한 명은 2배를 만들어 칭찬받고, 그리고 나머지 한 명은 그냥 땅에 묻어 보관해 놓아 고작 1달란트 게으른 종이라 꾸지람을 받았다. 투자는 이 예시와 같다. 사람 혹은 서비스를 맡기든 자신이 주인이 된 입장으로 자신의 돈을 맡기는 일이다. 돈을 그냥 집 혹은 이자가 0.1%만 붙는 보통예금 통장에만 넣어둔다면 그것은 스스로를 게으른 종으로 만드는 결과를 초래할 뿐이다.

투자는 그 시대의 흐름이라는 게 있다. 시대를 읽되 너무 유행만 타는 것은 좋지 않다. 누가 뭐가 좋다더라, 무작정 따라가면 그것은 완전 필패로 가는 지름길이다. 그렇다고 귀를 닫고 남의 조언을 무시할 것은 절대 아니다. 남의 말에 귀 기울이되 자신이 책임질 수 있는 판단력을 기르는 훈련을 해야 한다. 흔히 금융업에서는 인사이트(통찰력)라고 한다. 나는 그냥 쉽게 말해 '감'이라고 한다. 이 '감'이라는 것은 가르친다고 해서 가르쳐지는 것은 아니더라. 스스로 배우는 것이고 이것을 배우면 정말 놀랍고 무서운 능력을 배우는 것이다. 공부를 아무리 잘하는 사람도 이 '감' 좋은 사람을 절대 못 이기더라.

자신의 투자 감각을 키우려면 스스로 판단할 수 있게끔 서서히 시작해야 한다. 자신이 할 수 있는 것부터 준비하고 실행해야 한다. 언제나 첫술에 배부를 수는 없다. 할 수 있는 것부터 천천히 해보면서 점검해 나가면 된다. 그러면 성장할 수 있다.

6
리스크와 수익의 상대성 선택에 따른 가능성을 파악하고 이를 적극적으로 활용하라

자산 가격은 대체로 오른다. 무슨 자산이든 우상향하지만, 정비례하지는 않는다. 위험할수록 수익은 크지만, 손해 가능성이 클 수도 있다. 그래서 탐욕을 항상 조심하라. 그러나 수요와 공급이라고 모두 겁먹을 때 역발상으로 탐욕을 더 부리라는 말이 맞다.

위험할수록 역으로 수익이 더 높다는 말이 있다. 그것이 역으로 정비례하지는 않지만 분명 상관관계는 있다. 인생도 그렇지만 투자에서도 항상 선택의 문제이다. 항상 통계, 선택에 따른 수익 가능성을 파악하고 적극적으로 활용해야 한다. 자신이 감당할 수 있는 위험의 범위 안에서 선택해야 하는데,

참고로 그 위험 다지노선은 아무도 얘기해주지 않는다. 그 한계설정도 자신이 해야 하고 자신이 스스로 경계선을 지켜야 한다.

시간이 흐름에 따라 인플레이션 현상에 따라 자산 가격은 대체로 오른다. 어떤 자산이든 폭의 변화는 있지만, 경제발전을 전제로 가격은 우상향한다. 머리가 좋은 사람일수록 혹은 눈치가 빠른 사람일수록 자산을 잘 고른다. 그 자산은 시대에 맞는 자산일 수도 있고 자신에게 잘 맞는 자산일 수도 있다. 그러나 이 점은 명심해야 한다. 위험할수록 수익은 크지만, 항상 손해 가능성도 클 수 있다. 그래서 자신의 탐욕을 항상 조심해야 한다.

자신의 탐욕은 경계하되, 남들의 탐욕은 역이용해야 한다. 수요와 공급의 원칙상 모두 겁먹을 때 역발상으로 오히려 탐욕을 더 부리고 반대로 남들이 탐욕을 부릴 때는 한발 뒤로 물러나는 것이 맞다. 이는 월가의 명 투자자 워런 버핏의 원칙과도 일맥상통한다.

7
돈에는 눈이 없지만 발은 있다 열심히 벌어 지켜라

돈은 아껴 써야 한다는 점을 계속 강조해도 부족하지 않다. 돈 쓰는 데 인색한 사람이 되라는 말이 절대 아니다. 돈을 쓰면 확실히 편하다. 그런데 돈은 유한하다. 돈을 버는 것에 익숙하지 않은데 쓰는 것에만 익숙하고 그러다가 돈이 떨어지면 적응하기 쉽지 않을 것이다. 자신이 누렸던 편함을 자기 스스로 불편함을 감당해 내야 하는데 그럴 자신이 없다면 미리 아껴야 한다. 젊어서 고생은 사서라도 한다는 말이 있다. 젊었을 때는 열심히 일해야 한다는 옛 어른들 말씀을 나는 아직 믿는다. 다소 고루하게 들을 수 있다. 그러나 젊어서 도전하고 그때 또 가장 기운이 날 시기이기에 긍정적으로 생각해 봄 직하다.

나이가 들면 병원에도 다니고 분명 돈을 쓸 날이 온다. 그럴 때를 위해서라도 돈을 열심히 벌어 모아놓아야 한다. 젊은 날 시작점은 다 다르다. 어떤 사람은 고액 연봉으로 시작하는 사람도 있고 상대적으로 적은 연봉부터 시작하는 사람도 있다. 그러나 그 끝은 꼭 비례해서 끝나지 않는다. '한 거에 비해서 겨우, 고작'이라는 말을 듣는 사람도 많다. 그것은 그 사람의 돈을 대하는 태도 때문일 수도 있다. 돈을 굳이 의인화하기는 싫지만, 어떤 이는 돈에 눈은 없어도 발은 있다고 한다. 한시도 가만있지 않고 사람이 한눈을 팔면 어느새 도망가 버린다고 한다. 냇물도 흐르지 않으면 썩는 것이 이치인데, 돈도 마찬가지 아닐까. 돈을 아주 안 쓰고 살 수는 없다. 적절하게 소비하며 다른 미래를 위해 저축도 하며 투자도 열심히 하는 습관을 들여 가치 미래를 대비하는 자신만의 둑을 쌓는 노력을 들여야 한다.

8
어디든 편하고 안전한 돈벌이 자리는 없다

　어느 도박 영화에서 '이 세상에 안전한 도박판은 없어,' 라는 말이 나온 것을 보았다. 나중에 지나고 나니 그 말이 참으로 맞는 말인 듯싶다. 위험 대비 수익, 즉 위험성 관리를 항상 생각하듯 돈을 벌어들이는 것, 이를테면 노동소득 자체도 편히 번다고 생각할 수는 없기 때문이다. 남들도 하기 편하고 쉬운 일은 다 잘 알겠지만, 돈이 되는 일은 아닐 것이다. 네가 아니면 누구나 그 일을 대체할 수 있다. 그런데 굳이 큰돈을 줘가며 그 일을 시키지 않을 것임은 당연하다. 흔히 3D 업종 즉, 더럽고, 위험하고, 어려운 일은 사람들이 기피하는 일이다. 인간의 본성이 그러하다. 좋은 말로 이야기하면 효율성을 추구한다고 하지만, 나쁜 말로 그냥 편히 있고 싶어 한다. 그런데 꼭 필요한 일에도 불구하고 하려는 사람이 적기 때문에 3D 업종은 큰돈을 버는 경우가 많다. 돈을 대할 때 이 점을 꼭 염두에 두자.

사회생활 나왔을 때 나는 두 명의 상사를 만났다. 저녁을 먹다가 그 상사는 내게

"야, 일은 조금 하고 돈을 더 많이 받을 생각을 해야지!"

라며 호통을 쳤다. 그 반면에 또 다른 선배는 다른 이야기를 했다.

"나는 그렇게 생각 안 해! 언제까지 일 조금 하면서 그 정도 위치에서 머무를 것 아니잖아?"

나는 후자의 자세를 취해야 한다고 생각한다. 옳고 그름의 문제는 아니다. 둘 다 옳을 수 있고 굳이 이야기하면 스타일의 차이일 수도 있다. 평생 월급쟁이만 하면서 남의 눈치를 속이면 전자도 가능할 것이다. 일 조금 하고 많이 한 척하기를 하면 가능할지도 모르겠다. 그러나 삶을 대하는 태도가 진중하면 남들은 그것을 알아차리게 마련이다. 만약 고된 일을 견디며 열심히 하다 보면, 의도적으로 편하지 않으려 한다면 분명 네게 발전이 있을 것이고 기회와 돈은 따라오리라 생각한다.

9

조각내서 파는 마법의 원리

 돈을 버는 원리는 사실 간단하다. 그러나 그것을 아무도 쉽게 이야기하지 않는다. 아마도 여기서 하는 이야기도 많은 사람이 이미 알고 있는 이야기일 수 있다. 그러나 알고 있지만, 실제 실행하지 않으면 무용지물일 수 있는, 마치 콜럼버스의 깨진 달걀을 세운 일화처럼, 여기는 예도 없지 않아 있을 수 있으니 본 한 가지 예를 제시한다.

 사실 현재 돈을 버는 흔한 형태는 크게 부동산이나 주식(증권) 투자이다. 여기서 수익성을 극대화하는 원리가 있다. 수익은 위험과 역의 상관관계가 있는 점을 생각하면 상품 설계자 입장에서는 위험을 분배하는 구조를 만들 수 있다. 즉, 쉽게 말해 부동산 혹은 주식 원물을 가공, 조각내서 팔 수 있다. 예를 들어, 1,000억짜리 부동산 혹은 한 주에 100만 원 호가

하는 주식이 있다. 단가가 비싸서 투자하기 힘들다. 투자유치자 입장에서 팔기가 쉽지 않다. 투자자 모집을 해야 돈을 벌 수 있는데 그래서 지혜를 쓴다. 그대로 가지고 있자니 위험하고 불안하기도 하다. 가격이 내릴 수도 있기 때문이다. 그래서 원물을 가공하고 조각을 내서 판다. 원물을 지분 증권의 형태(ABS)로 팔아버린다. 주식의 경우 요즘 소수점 거래가 있다. 이 또한 권리를 쪼개서 파는 예이다. 설계자 입장에서는 위험을 분산하는 것이다. 사는 사람 입장에서는 수익을 목적으로 사는 것처럼 생각하지만 사실 반대로 생각하면 일종의 위험을 사는 것이다.

이런 사례는 많다. 아파트를 짓는 건설사를 생각해 보라. 토지공사로부터 큰 택지(빈 땅)를 비교적 싼 값에 낙찰받는다. 그리고 아파트, 상가 등 개발한 후 호수 등을 나누어 수많은 사람에게 분양한다. '네 아파트를 지어줄게, 네가 사라.' 예전에 고 아산 정주영 회장이 영국에 가서 조선소 차관을 받을 때 '네 배를 만들어 줄 테니 네가 사라.'와 비슷한 사업 마인드 격이다. 이제 이해가 될 것이다. 모르긴 몰라도 건설사는 초기 자본 비용관 들어가지 선분양만 잘되면 엄청난 돈을 벌 것이다. 즉, 쪼개 팔면 돈이 된다.

여기서 두 가지를 생각해야 한다. 먼저 가공해서 팔거나 큰 거 하나를 쪼개 팔면 돈이 된다는 사실은 확인했다. 나머지 한 가지는 그 쪼개진 것을 사는 사람도 돈을 벌 수 있다는 사실이다. 분명한 사실은 파는 사람도 바보가 아닌 것처럼 사는 사람도 바보가 아니라는 것이다. 쉽게 말해, 파는 사람이 얼토당토않은 걸 팔면 사는 사람이 없을 것이라는 말이다. 가끔 기획부동산 등을 이용하고 사탕발림 같은 마케팅으로 인간의 허영심, 과욕을 자극하여 사기성 투자를 일으키는 사례도 있다. 그러나 이는 예외적인 것이고 개인이라면 법적인 테두리 안에서 특히 엄격히 약자를 보호하는 금융투자 안에서는 절대적으로 사는 사람이 보호를 받는다. 다소 위험을 인수하지만, 그 위험을 담보로 수익성이 높은 채권, 펀드 등이 상당히 많고 이를 전문적으로 투자하는 개인 자산가들이 알게 모르게 많다. 또한, 흔한 예로 아파트 분양 광풍을 생각해 보자. 괜히 입지 좋은 곳의 아파트를 고분양가로 분양해도 전부 팔리는 것이 다 이유가 있는 이치이다. 사실 원가를 수학적으로 따지면 분양가는 비싼 가격이다. 예를 들어, 고급빌라를 만든 원가격은 토지비와 건설비를 더해 한 채당 12억인데 15억 주고 사라고 하면 상대방에게 무려 25% 이익을 주는 것으로 생각할 수도 있지 않은가. 그런데 그렇게만 생각할 것은 절대 아니다. 그렇게 주고 사도 가치가 있고 더 오른다고 예상되면 사면 된다.

  정리하면, 사업자 입장, 파는 사람 입장에 서면 가공, 쪼개서 팔 생각을 잘해보고, 투자하는 입장, 사는 사람 입장이라면 그것이 좋은 물건인지 미래를 바라볼 때 적절한 가격인지를 잘 검토하고 사야 한다. 그래야 돈을 벌 수 있다. 이는 자본주의 논리 중 하나이다.

10

인플레이션은
결과가 원인보다 중요하다
즉, 결과적 현실 직시와
그에 맞는 대응이
원인 탐구보다 중요하다

재산 증식이란 곧 가지고 있는 현금이 많아짐을 뜻한다. 혹은 많은 돈으로 평가받을 수 있는 자산, 그것을 돈으로 쉽게 바꿀 수 있는 자산이 늘어남을 뜻하기도 한다. 또한, 많은 돈을 만들어낼 수 있는 자산을 많이 가짐을 뜻하기도 한다. 예를 들어, 은행에 돈을 많이 넣어두면 그에 따라 많은 이자를 받을 것이고, 건물을 소유하여 그 공간을 빌려주고 월세를 받을 수도 있다. 재산을 늘린다는 것은 돈을 많이 벌 거나, 많은 돈을 만들 수 있는 다른 자산을 모아나가는 것, 그런 형태이다.

흔히 인플레이션, 즉 물가 상승에 사람들은 많은 신경을 쓰게 된다. 물가 상승이 생산자나 소비자 입장 모두에게 달가운 일은 아니지만, 그 현상 자체가 경기가 나아졌다는 결과에서 나타난 것이고 그래서 투자자로서는 초기에 좋은 징조로 판별할 수 있다. 인플레이션이 일어났을 때 그 원인을 탐구하는 사람들이 많다. 앞서 이야기한 것처럼 거시적으로 경기가 회복되어 나타난 현상이라 해석할 수도 있고, 수요와 공급의 측면에서 나타났다는 원론적인 이야기를 할 수도 있을 것이다. 그런데 이런 이유를 탐구하기 전에 사실 그 결과 자체에 대한 대응이 더 중요하다는 점을 강조하고 싶다. 물가가 오른 것은 이미 발생한 현상이나 결과라고 한다면 그 현실에 맞춰 지금 그리고 가까운 미래에 어떻게 해야 할지 고민하는 것이 좀 더 합리적 시간 소비라고 생각한다. 시간은 기다려주지 않는다. 대응은 바로 해야 하는데 그러려면 미리 준비해야 한다.

경험칙상 공부를 잘하는 사람보다 **감이 좋은 사람이 훨씬 더 현실적이고 그래서 더 잘 사는 경우를 수도 없이 보았다.** 그 감이라는 것은 공부를 통해서 형성된 것일 수도 있고 어쩌면 타고난 재능으로 이미 가지고 있을 수도 있다. 어찌 되었든 그 감을 발휘한다는 것은 현상을 정확히 해석하고 실행하는 능력이라 할 수 있다. 이 감을 키우는데 진력해야 한다. 세계 경제 혹은 국내 경제를 긍정적으로 바라본다면 디플레이션이 나올 가능성은 극히 작고 대부분 인생을 사는 동안 인플레이션을 수많이 목격할 것이다. 이를 대비해야 한다. 자신만의 감을 키우고 그에 따라 대응하는 것만으로도 충분히 부자가 될 수 있다.

11

현금을 바로 받는 일을 하라
본인이 사용하는 신용은
적절히 활용해야 한다

　자원봉사가 아닌 이상 일을 하면 그에 대한 대가로 돈을 받는 것이 기본이다. 그런데 살다 보면 일을 해줬는데도 불구하고 약속과 다르게 돈을 받지 못하는 때도 있다. 이런 이야기는 실생활에서 빈번하지만 아무나 잘 가르쳐주지 않는다. 당연한 이야기라 그런 것도 있지만 돈 자체에 대한 약간의 부정적 관념 때문에 그러한 것으로 생각한다. 돈에 대해 절대 부정적인 생각을 할 필요는 없다. 돈은 생활하는 데 꼭 필요한 수단이다. 너 자신뿐만 아니라 네 가족, 그리고 더 큰 조직, 사회를 위해 돈은 꼭 필요하다. 부정한 방법이 아니라면 돈은 많이 벌어 적정히 쓰고 여유 있는 부분은 타인을 위해 쓰면 좋다.

사업으로 예를 들어보면, 물건이 나가는 것을 매출이라 한다. 그리고 그 반대의 경우 물건이 들여오면 매입이라 한다. 그런데 이는 금전의 유출입을 함께 수반한다. 즉, 물건이 나가면 그에 상응하여 돈이 들어온다고 본다. 반대로 물건을 들여오면 그에 대해 돈이 나간다고 본다. 그런데 나중에 재무제표 등을 보겠지만, 금전 대가의 유출입이 오직 현금만으로 나가는 것은 아니다. 미수금, 미수채권, 가지급금, 가수금 등 각종 성격에 따라 구분된 계정 등을 보게 된다. 직접적인 현금 유출입이 거래 당시에 없다면 이는 한마디로 '신용' 거래로 보아야 한다. 다시 말해, 거래는 현금거래와 신용거래가 있다.

만약 네가 급여 생활자를 하든 사업을 하든 직접 현금을 바로 받는 일을 해야 성공할 수 있다. 실제, 네 능력 여하에 따라 얼마나 많이 현금 수금을 바로 할 수 있을지가 결정된다. 속칭 월급쟁이의 경우 한 달에 한 번 월급을 현금으로 받는다. 그런데 사업의 경우는 매출 시 바로 현금을 받을 수도 있지만, 때로 업계 관행 혹은 거래상 불리한 지위에 있으면 신용거래를 할 수도 있다. 즉, 물건은 바로 주는데 그에 대한 돈은 결제 기간 30일, 60일, 혹은 길게 180일 후 결제를 받을 수도 있다. 그런데 생각해 보라. 너 아니면 안 되는 비즈니스 능력, 혹은 그에 상응하는 독보적인 물건을 네가 가지고 있다면 굳이 신용거래를 할 필요는 없다. 바로 현금을 주지 않으면 너를 찾는 다른 사람과 거래를 하면 되지 않을까. 그게 바로 능력에 따른 현금 수금 능력이다. 거래할 때 외상을 주지 않고도 살아남을 수 있는 능력 그리고 미수금을 최소로 하고 그 미수금을 관리할 수 있는 능력, 어려운 말로 채권관리 능력을 두루 갖춰야 성공할 수 있다.

반대로 네가 능력이 좋으면 거래 상대방에게 신용거래를 요구할 수도 있다. 네가 물건이나 서비스를 많이 활용할 수 있고 실제로 약속을 지킬 능력, 신용을 크게 쌓으면 대금 지급을 충분히 늦출 수도 있다. 어차피 줄 돈인데 빨리 줘야 하는 게 맞지 않나, 라고 반문할 수 있다. 그런데 가계, 기업 경영은 현금을 들고 있는 것만으로도 이득이 된다. 심지어 쓰지 않는 돈을 은행에 넣어두거나 증권회사 CMA 계좌에 넣어도 일부 적은 돈이라도 이익을 얻을 수 있다.

그리고 빚을 적절히 활용하며 살아야 잘 살 수 있는데, 은행에서 돈을 빌릴 때, 즉 뱅킹 서비스를 잘 활용하는 능력도 갖춰야 한다. 은행에서 대출하면 미리 한 약속에 따라 갚아야 한다. 그런데 늦은 이자로 늦게 약속된 기한 내에 갚을 수 있도록 유리한 약정을 맺어야 한다. 그런 약정을 맺으려면 거래

상대방인 은행에도 이익이 될 수 있다는 일종의 확신을 주어야 한다. 그게 바로 신용이다. 은행이 너를 믿을 수 있게끔 신용을 쌓아야 한다.

결국, 정리하면 받을 때는 바로 현금을 받을 수 있어야 하고, 줄 돈은 최대한 늦게 줄 수 있게끔 신용을 높게 쌓는 위치가 되어야 한다.

12

현금 흐름의 3원칙
영업, 투자, 재무 활동을
달리 말하면
고정 주수입, 투자 부수입,
빚의 적절한 활용이다

나는 재무, 재정학을 전공하지는 않았다. 그러나 사회생활은 관련업에서 시작하여 그에 대해 실무부터 배우게 되었다. 자세히 살펴보니 기업 경영에 가장 중요한 것은 현금으로 보이는데 현금 흐름의 3개 분류가 있었다. 즉, 영업활동에 의한 현금 흐름, 재무 활동에 의한 현금 흐름, 그리고 투자 활동에 의한 현금 흐름, 이렇게 세 가지였다. 그런데 이론을 전공한 사람 입장이 아닌 실무자 관점에서 쉽게 내 식대로 치환해 보니 **결국 첫째, 실제 돈을 벌어들이는 주가 되는 현금 흐름, 둘째, 순수 내 돈과 빌려온 돈에 대한 현금 흐름, 셋째, 다른 자산으로 바꿔 돈을 불리는 현금 흐름으로 정리할 수 있었다.**

아무래도 실제로 투자 부수입보다 자신이 벌어들이는 기본 주요 수입이 중요하듯 영업활동에 의한 현금 흐름이 가장 중요하다는 것을 자연히 알게 되었다. 실제 주로 버는 돈이 안정되어야 투자도 할 수 있다. 회사든 자기 일이든 일단 굴러가야 생활이 되는 이치이다. 그리고 기본급이 잘 확보되면 다음으로 투자도 이루어져야 한다. 투자는 필수라면 필수일 수도 있고, 기본적으로는 선택사항이다. 더 나은 삶, 발전을 위해서는 투자에도 힘써야 한다. 비단 개인의 계발 이외에 기업으로서 현재 잘 된다고 해서 시설에 투자하지 않으면 추후 도태될 수도 있다. 항상 준비하는 마음가짐을 가진다면 투자 활동도 결코 무시할 수 없다. 마지막으로 재무 활동인데, 재무 활동은 결국 빚을 얼마나 잘 활용하느냐의 문제이다. 예컨대, 자신의 신용 능력에 기반하여 저리로 남의 돈을 빌려와 그보다 더 높은 수익률을 추구할 수 있다면, 그리고 예외적 상황에서도 바로 그 돈을 갚을 수 있을 정도로 빚은 적절히 활용해야 한다. 일종의 필수적 활용이다. 예전 어려운 보릿고개 시절처럼 무조건 빚을 나쁜 것으로 생각할 것도 아니다. 더 크게 발전할 수 있다면 때론 모험도 걸어야 하고, 모험까지는 아니더라도 받아들일 수 있는 위험은 활용해야 한다. 그래야 더 클 수 있다.

13

타인의
수요 만족이
돈이다

내가 좋아하는 일, 남들이 좋아하는 일, 그리고 잘하는 일에 대해 이야기하고 싶다. 여기서는 돈, 경제활동에 조금 더 포커스를 맞춰보고자 한다. 남이 좋아하는 일, 나의 수요가 아닌 남들의 필요나 수요를 만족시켜야 돈이 된다. 나만 만족시키는 일은 그냥 취미로만 남을 수 있다. 일전에 개그맨 박명수가 말한 적이 있다. 남들이 좋아하는 일이 뭘까를 고민하다가 디제잉이 눈에 들어왔다고 한다. 젊은이들이 클럽을 좋아하고 디제잉에 맞춰 춤추는 걸 좋아하니 내가 그걸 배워야겠다고 했다. 그래서 그것을 배웠고 그것을 자신의 벌이와 연결했다. 기존에 자신의 유명 연예인이라는 지위를 활용하고 디제잉을 하니 실제 큰돈이 되었다. 그리고 더 나아가 자신의 꿈이었던 가수 활동으로 이어 히트곡까지 만들어냈다. 자신이 좋아하는 일로 최종 이어졌지만, 시작은 남들이 좋아하는 일을 찾는 것이었다.

돈을 번다는 것은 남의 지갑을 여는 것이다. 물려받은 돈도 굳이 따져 말하면 원래 자기 돈은 아니다. 그것도 내가 아닌 곳에서 시작된 것이다. 그런 관점에서 보면 항시 다른 사람들이 좋아하는 것은 무엇인지 탐구하는 것도 필요하다. **남들이 좋아하는 일, 원하는 일을 해주면, 그리고 그것을 잘해줄수록 돈을 벌 수 있다.** 현재까지는 학자들이 말하는 기준을 보면 대기업에 맞는 맞춤형 인재, 고등 대학 교육을 받은 인재가 필요했다. 그래서 어쩌면 지금 세대까지는 열심히 공부하여 원하는 기업에 들어가는 코스가 존재했는지도 모른다. 미래 세대에는 그런 인재보다 창의적인 인재, 상위 5~10%에 들어가는 인재보다 5천만 명을 먹여 살릴 수 있는 영향력 있는 인재를 찾을 것이다. 그 형태는 예술가가 될 수도 있고, 세계적인 스포츠인, 혹은 세계적인 혁신 기업가가 될 수도 있다. 남들이 좋아하는 사람, 많은 이들이 원하는 것을 줄 수 있는 사람이 되어야 한다.

14

불안을 팔고 해소해 주는 것도 돈벌이가 될 수 있다 반대로 너 자신은 불안해하고 두려워하면 당한다

나는 엄마와 다르게 보험을 싫어한다. 어쩌면 극도로 혐오하는지도 모른다. 내 소중한 재산을 맡겨둔다는 것에 대한 혐오인지도 모르겠다. 아마도 학생 시절부터 태생적으로 그랬던 것 같다. 그냥 고집은 아니다. 나름의 이유가 있다.

보험 자체를 아예 두지 말라는 것은 아니다. 과유불급이라는 말처럼 지나친 준비를 경계하는 뜻으로 봐주었으면 한다. 실제 사보험이 하나 있기는 하다. 그것도 내가 시작한 것은 아니었지만 갈이다. 보험을 싫어하는 이유는 보험의 성격 규정에 있다. 보험은 일단 다수로부터 돈을 모아오는 것에 있다. 이는 은행과 비슷하다. 다만 은행은 예대마진이라고 해서 예금자들에게는 상대적으로 적은 이자를 주고 대출자들에게는 더 비싼 이자를 받아 일정 비용을 제외하고 남는 금액으로 수익을 올리는 구조로 돌아간다. 보험회사는 일정 보험료를 받아 확률을 계산하여 사고 등 조건을 충족한 피보험자들에게 보험금을 내주고 나머지 돈은 투자 등을 하여 남는 금액은 배당하기도 하고 준비 충당금을 계속 쌓는 일을 하는 구조로 돌아간다. 여러 보험자로부터 모은 금액과 지급 예상금(률)에 대한 차이는 결국 보험회사의 수익구조이다. 이를 보험사에서는 float(플로트)라고 부른다. 확률을 포함한 이런 계산을 잘하지 못하거나 관리를 못 하면 보험회사는 망한다.

이런 구조를 알고 나서 보험을 싫어했다. 나를 위하여 보험에 가입하는 것인데 통설처럼 확률적으로 절대 보험회사를 개인이 이길 수 없다는 이야기에 부가하여 별다른 필요를 느끼지 못했다. 그리고 보험회사 직원 출신의 지인에게서 들은 말도 한몫했다. 보험에 가입하는 순간 기대 수익률은 절반으로 떨어진다는 말을 들었다. 그 한마디를 들었지만, 가만 생각해 보니 내가 보험료를 수취할 조건을 챙기는 것, 더 쉽게 말해 보험료를 탈 수도 있고 못 탈 수도 있다는 이분법으로 생각해도 확률은 일단 절반이었다. 그래서 보험에 대해 그렇게 호의적이지 않게 되었다.

물론 나 자신을 위해서 사보험 하나를 가지고 있기는 하다. 그것도 나름의 계획대로 하나를 가진 것이다. 무리하게 저축 혹은 투자의 수단으로 보험을 드는 것은 위험한 생각이다. 절대 보험회사를 이길 수 없다. 그리고 그렇게 보험에 가입하는 것보다 얼마든지 더 훌륭한 투자수단이 세상에는 많다. 다시 강조하면 일단 자신이 고정적으로 벌어들일 수 있는 기본 노동소득, 일을 찾는 일에 제일 힘써야 한다. 그리고 이도 저도 모르면 좋은 것을 알게 될 때까지 예금자 보호법 범위 내에서 저축하는 게 다음 순서이다. 절대 보험에 먼저 다수 가입하는 것은 옳지 않은 방법이다.

잘 생각해 보면 보험은 사람들의 불안을 파는 비즈니스이다. 보험회사는 당신 자신을 위해서 위험에 대비하세요, 라고 광고를 한다. 그러나 벌어질지 모르는 확률 등을 생각해 보면 보험회사는 수많은 사례 수집, 그리고 그로 인한 훌륭한 시스템을 이미 갖춘 상태이다. 그 상태에서 불안감을 만드는 마케팅으로 많은 사람을 보험에 스스로 가입하게 만든다. 나는 네가 불안에 떨며 남들 말에 따라가기를 원치 않는다. 필요에 따라 스스로 생각하고 필요하다면 필요한 만큼의 보험을 드는 게 옳다고 본다. 네가 불안해하면 무언가 필요하게 되고 그것을 해소하고자 보험에 가입하게 될 것이다. 벌어지지 않은 일에 비겁한 상상력을 동원해 불안해할 필요는 전혀 없다.

오히려 사업을 한다면 너 자신은 담대하게 살아가지만 반대로 불안을 팔고 그것을 해소해 주는 관념적 일이 큰돈이 될 수 있다. 단순히 보험회사와 같은 비즈니스를, 돈을 위해 하라는 것은 아니다. 보험회사도 누군가에게는 꼭 필요한 일이다. 크게 보아 남들의 불안을 해소해 줄 수 있는 일은 많다. 미래에 더 유망할 IT 보안 등 시큐리티 서비스나 기타 안전 결제 등 많은 서비스를 생각해 볼 수 있다. 남들에게 편안함, 안심하게 할 수 있는 것도 분명히 있는 수요이다.

스스로 불안해하지 않을, 자체적으로 판단할 수 있는 능력을 키워야 함은 당연하다. 스스로 모든 일을 할 수는 없다. 그러나 중요한 결정에 있어 판단 능력이 있어야 한다. 그래야 잘 살 수 있다. 아무리 많이 벌어도 그만큼 많이 쓰면 남는 것은 없다. 그러나 일정히 벌면서 혹은 많이 벌고 필요한 만큼 적정히 쓸 수 있다면 당연히 증식의 결과로 이어진다. 그것을 말하고 싶었다.

15

주식투자는 본인 돈으로만, 부동산은 레버리지를 일으켜 사라

뭐든지 처음이 있다. 처음 해볼 때 먼저 해본 사람의 말을 한 번 들어보는 것이 도움이 된다. 그리고 되도록 실패한 사람의 이야기도 들어야 하지만, 성공한 사람의 이야기를 잘 들어보는 것이 좋다. 그래야 시행착오를 줄일 수 있다.

네게 투자에 관해 이야기하고 싶다. 내가 처음 투자할 때 얼마나 떨리고 설레던지 참 많은 생각이 든다. 자신을 워낙 보수적이라 생각해서 은행 저축의 단계를 넘는데 남들보다 긴 시간이 걸렸다. 그러던 와중 실제 투자를 해봐야겠다는 생각이 들었을 때 행동은 빨랐다고 자부한다. 실제 해보니 역시 가장 흔한 주식, 그리고 부동산 분야가 보였다.

운이 좋게도 처음 가졌던 기본 마인드가 계속 끊임없이 배우는 와중에 다른 잘 된 사람들의 생각과 일치한 것이 보여 말하고자 한다. 주식은 일단 본인이 가진 돈으로만 하는 게 가장 좋다. 어떤 이는 확실한 사유라면 미수, 신용거래를 즉 남의 돈으로 주식투자를 일부 하라고도 한다. 그러나 나는 확실히 반대의 관점이다. 절대 남의 돈으로 주식투자를 할 생각을 가져서는 안 된다고 본다. 남보다 늦게 가더라도 조금 덜 벌더라도 본인 돈으로 해야 배우는 게 많다. 남의 돈이 남의 돈이 아닌 순간이 올 수도 있다. 그런데 그렇게 가볍게 생각하면 안 된다. 실패하더라도 이치를 알고 배우는 게 있어야 나중에라도 일어설 수 있다. 그리고 더 발전하려면 많이 배워야 한다. 자기 돈으로 충분히 생각해 보고 결단해야 한다. 그런 측면에서라도 그리고 넓게는 위험 관리 측면에서라도 주식투자는 자기 돈으로만 해야 한다.

반대로 부동산, 특히 집을 살 때는 자기 돈으로 살 생각을 하면 안 된다. 부동산 투자는 쪼개 파는 리츠와 같은 파생상품이 아닌 이상, 직접 투자 시 목돈이 들어간다. 그런데 그 돈을 다 모아 집을 산다는 것은 어찌 보면 바보 같은 짓이다. 큰 돈이 필요한 만큼 은행 등 신용을 활용해야 한다. 즉, 되도록 저리의 돈을 빌려 집을 사야 한다. 그리고 할 수 있다면 상환 기간을 넉넉히 하여 돈을 빌려야 한다. 집값에 대한 논란은 있지만, 장기적으로 보면 집도 실물이라 보면, 집 가격은 우상향한다. 그러니 적절한 시기에 레버리지(빚)을 일으켜 집을 사야 한다. 자기 집이 확보되면 그 다음은 상가 등 부동산 투자 상품에 눈을 돌리면 된다. 감당 가능한 레버리지를 적절히 활용하면 부동산 투자에서 성공을 거둘 수 있다. 주의할 점은 부동산 가격이 무조건 오른다는 맹신하에 과도한 레버리지를 일으키는 투자, 소위 무분별한 문어발식 갭투자는 피해야 한다. 가격이 내림세인데 레버리지의 크기가 줄지 않는다면 그것은 결국 망하는 지름길에 불과하다.

어느 정도 학습이 되면 주식투자나 부동산 투자에도 빚의 활용에 대해 다른 생각을 가질 수도 있다. 그러나 조금 더 조심스럽게 지속가능한 성장을 원한다면 애초 처음 투자할 때의 생각을 견지하는 것도 나쁘지 않다고 본다. 즉, 주식투자는 오로지 자기 돈으로 하고, 부동산 투자는 적정한 레버리지를 일으켜서 한다는 원칙을 지켰으면 한다.

16
투자는 열광적인 팬들을 많이 확보할 수 있는 곳에 해야 한다

이론뿐 아니라 실제 경제활동 양자에서 성공한 경제학자 존 메이너드 케인스는 이렇게 말했다.

"주식투자는 미인 선발대회와 같다. 내가 아니라 다른 많은 사람이 좋아하는 사람이 1등이 된다."

이 한마디만큼 투자를 잘 설명해 주는 말은 없다고 생각한다. 다소 많은 사람이 좋아하는 것은 결국 수요라는 말로 치환할 수 있다. 내 고집에 따라 자산의 가치가 상승하는 것은 아니다. 결국, 많은 사람이 원하는 것이 곧 가치 상승이고 이어서 가격 상승으로 이어진다. 공급량이 한정된다는 전제하에 그렇다. 사 줄 사람이 많아야 네가 가진 자산도 높은 평가를 받는 이치이다. 아무리 좋은 물건이라고 생각해도 그것을 알아봐 주고 사고 싶은 사람이 많아야 한다.

투자에 있어 대중의 광기를 조심해야 한다는 말이 있다. 터무니없는 상승은 탄성처럼 다시 원래 자리로 하락 회귀하는 경향이 있다. 그런데 이 점을 주의하고 다수의 열광을 눈치채고 그 흐름을 활용할 수 있다면 투자에 성공할 수 있다. 인기 제품은 열광적인 팬들이 그 수요를 받쳐준다. 애플의 아이폰을 보라. 가격지불 구조상 대부분 할부 거래를 해서 잘 체감할 수 없지만 최신 모바일 폰 가격이 대략 2백만 원 선이라고 보면 그것은 꽤 고가 제품이다. 심지어 웬만한 노트북, 데스크톱 컴퓨터와 비교해도 상당히 비싼 제품이다. 그런데도 애플을 신봉하는 충성 고객들이 많아 그 브랜드 자체를 명품으로 여기는 경향 때문에 애플은 좋은 기업의 지위를 누리고 있다. 이 같은 점을 미루어 볼 때 투자는 열광적인 팬이 많이 확보된 곳에 할수록 좋다. 무조건 유행을 따라가라는 말은 아니다. 남들이 좋아하는, 그것도 지지하는 팬들이 많이 확보된 곳을 찾으라는 것이 핵심이다.

일상생활 경험이 많을수록 그 기회를 많이 포착할 것이다.

생각하며 세상을 살면 많이 보일 수밖에 없다. 비단 휴대폰 회사 애플뿐만이 아니다. 자신이 무슨 자동차를 좋아하는지, 결제는 어떤 페이 방식으로 하는지, 자주 가는 대형마트는 어디인지, 그 마트에서 일상적으로 사는 브랜드 제품은 무엇인지 관심을 가지면 된다. 예시는 지천으로 널려있다. 보는 만큼, 느끼는 만큼, 그리고 실제 경험해 보이는 만큼 알게 된다. 그리고 그것에 적당한 가격으로 투자하면 된다. 마트에 가면 다른 사람들은 무엇을 사는지 관심을 가져보라. 어느 제품이 매일 와도 품절이 잘 되는지, 다른 사람들의 카트에는 무엇이 담겨있는지 살짝 보는 것도 좋은 방법이다. 그런 사소한 관심이 바로 투자의 첫걸음이라 확신한다.

17

신 현대 자본주의 구성요소 :
토지, 노동, 자본
+
기술, 금융

일반적으로 토지, 노동, 자본은 자본주의를 구성하는 3요소라 칭한다. 역사적으로 땅을 가진, 즉 지주가 있고 그곳에 돈을 투자하여 공장을 세우고 사람들을 고용하여 물건을 생산하여 판매하는 것을 바탕으로 자본주의가 실현된다. 카를 마르크스는 여기서 '잉여가치'의 발생에 주목하여 빈부의 격차가 늘어나 불평등이 일어난다고 했다.

그런데 생각해 보면 잉여가치란 결국 기업의 이윤추구라는 당연한 명제로 볼 수 있다. 자본가를 한 사람으로 볼 것이 아니다. 주식회사의 출현으로 많은 이가 그 규모가 작을지라도 주주가 될 수 있다. 기업의 이윤은 결국 주주에게 환원될 수 있고, 그 이윤이 재투자를 이뤄 산업, 나아가 경제의 발전을 이룬다. 또한, 기업이 잘되고 성장하면 더 많은 고용을 창출할 수 있다. 이른바 선순환 효과의 관점이다.

현대 자본주의는 재화나 서비스의 '생산'에 있어 효율성을 추구한다. 한정된 자원으로 효율성의 극대화를 이루는 것이 곧 경제학이다. 인적 자원이든 물적 자원이든 최소한을 투자하여 많이 남기면 그것이 곧 혁신이다. 기계의 등장, 자동화는 인간의 생산에 있어 고유 영역을 잠식해 왔다. 그리고 인간은 다른 부분에서 새로운 부가가치를 창출했다. 이는 곧 노동은 단순노동에서 지식 특화 노동으로 발전하였고, 기술은 계속 발달하여 인건비 대체, 판매단가 하락 등 효율성을 추구하였다. 고전적 의미의 3요소 토지, 노동, 자본에 더해 기술혁신, 요셉 슘페터가 말한 '창조적 파괴'의 개념을 이해하면 현대 자본주의를 더 잘 이해할 수 있다.

그리고 여기에 더해 근본적인 요소이지만, 너무도 당연하여 숨겨진 이면과 같은 요소인 금융을 이해해야 한다. 기업의 재무상태표를 보아도 자본은 자기자본만으로 구성되지 않은 것을 쉽게 알 수 있다. 더 쉽게 표현하면, 사업하는데 남의 돈, 즉 타인자본을 활용하지 않는 사람은 거의 없다. 무차입 경영, 즉 총자본의 5% 이하를 부채로 운영하는 극도의 안정 경영을 추구할 수 있다. 그러나 저리의 타인자본으로 그 이상의 부가가치를 창출해 낼 수 있다면, 말 그대로 부채는 레버리지, 즉 지렛대 효과를 누릴 수 있다.

금융은 고전적 의미의 대출에서 발전하여 현재 직간접 투자로 발전해 왔다. 단순히 돈을 빌려주고 이자를 받는 의미에서 M&A를 포함한 지분투자의 형태로 발전해 왔다. 기업의 규모를 늘리는데 혹은 더 이상 본업의 발전이 어려워 사업 다각화를 이루려 할 때 기업은 M&A 전략에 눈을 뜬다. 사람의 머리를 빌린다는 말처럼, 기술을 가진 혹은 특화 서비스, 네트워크를 가진 기업을 사버린다. 금융의 역사, 그리고 현재의 금융 형태를 이해하면 분명 자본주의를 이해하는 데 도움이 되고 경제적 발전을 이룰 것이다.

간혹 보이지만, 아직 크게 발전하지 않은 금융의 영역이 있다. 바로 기부이다. 많은 이들이 여유로워지면 사회에 환원하는 것을 생각한다. 원 없는 상태가 된다는 것, 여유로움은 세상을 훈훈하게 한다. 예컨대, 시장에서 50년을 장사하여 모은 돈을 장학금으로 기부한 사례, 굴지의 자산가가 재단을 만들어 사회에 이바지하는 사례 등 많이 찾아볼 수 있다. 그것이 꼭 명성을 드높이기 위해 한 것은 아닐 것이다. 돈을 많이 모았다는 것은 그 돈에 대한 애착이 강한 것으로 볼 수 있다. 그런데도 나눈다는 것은 용기이며 여유를 나눠주는 선한 의지이다. 만약 기업 혹은 자본가의 관점에서 기부라면 그것이 자신에게는 사회에 기여했다는 따뜻함일 것이고, 타인의 마음을 울리는 선전의 수단이 될 것이다. 그리고 그 복은 다시 기업에게 아니면 기부한 개인에게, 그 일가에 반드시 돌아올 것이다. 마치 과거 최씨 부자의 명성이 여태껏 전해지는 것처럼 말이다.

18

장사는 단가, 부가가치가 큰 것을 파는 게 좋고, 시장 크기가 작더라도 독점 가능한 비즈니스를 해야 한다

장사에는 박리다매 전략과 후리소매 전략이 있다. 즉, 싸게 많이 팔아 작은 이윤을 많이 모으는 방법이 있고, 비싸게 팔아 자주 안 팔리지만, 한 번 팔면 큰 이윤을 남기는 방법이 있다. 박리다매 전략은 생산성 혁신으로 제조원가를 낮추는 것으로도 이룰 수 있지만, 유통구조를 이해하고 '남들보다 더 싸게' 파는 방법만으로도 이룰 수 있다. 그러나 후리소매는 다르다. 남들보다 더 잘되려면 역시 경쟁력을 가져야 하는데, 수요가 있어야 더 싼 물건 혹은 서비스임에도 팔린다. 경쟁자가 없거나 아니면 내가 가진 능력이 남보다 압도적으로 월등

해야 한다.

다수의 시장참여자와 경쟁해야 하는 박리다매 비즈니스보다 우월적 경쟁력을 갖춘 후리소매 전략이 더 낫다. 한탕주의를 장려하는 것이 절대 아니다. 조금 팔더라도 장인정신처럼 심혈을 기울여 만든 상품은 수요자가 반드시 사게 마련이다. 시장의 크기가 작아도 비싸게 나만 팔 수 있는 것이 있다면 그보다 더 좋은 비즈니스는 없다. 근래 반도체 생산에 필요한 노광장비 기업의 경우가 그렇다. 주문을 선착순으로 받고 1년에 만드는 기계 대수도 많지 않다. 그런데도 기술력 1등 장비 기업에는 세계적인 반도체 생산업체들이 기계를 납품받기 위해 경쟁을 한다. **파는 사람의 경쟁이 아니라 사는 사람의 경쟁인 것이다.**

자신을 찾아오게 만드는 능력이다. 그래서 박리다매는 힘들다. 나보다 더 싸게 파는 누군가가 출혈경쟁(치킨게임)을 해온다면, 나도 가격을 내릴 수밖에 없다. 그러나 후리소매는 다르다. 내가 개척한 분야, 1등인 분야라면 이야기는 달라진다. 그리고 그것의 극대화는 시장독점이다. 독점 내지 독과점을 이룰 수 있다면 돈을 버는 것은 시간문제다.

19

대출을 잘 활용하면 지렛대 효과를 생각보다 크게 누릴 수 있다

사회에서 개인은 무언가를 끊임없이 원한다. 그 형태는 크게 돈, 명예, 그리고 행복(만족) 등의 형태로 나타난다. 추구하는 바도 다른데, 그 추구하는 것이 같아도 그것에 이르는 방식은 다르다.

보수적인 사람일수록 위험한, 즉 불확실성을 기피하는 성향일수록 대출을 꺼린다. 안정적인 소득, 이를테면 급여를 받고 그 안에서 예측 가능한, 위험도가 낮은 선택을 하며 살아간다. 그러나 현대에 이를수록 통화 공급, 즉 유동성이 커지면서 대출 없이는 적어도 대도시에서는 절대 집 장만도 못하는 상황에 이르렀다. 세상이 잘못되었다는 비판을 하자는 것이 아니다. 그저 객관적으로 보이는 현상을 말하는 것일 뿐이다.

2010년대 중반 시작된 세계적인 저금리 기조는 많은 사람을 일시적으로 구제하기도 했고, 한편으로 많은 이들을 부자로 만들어주었다. 대출을 받으면 원리금을 잘 상환해야 한다는 기본 전제가 있다. 그러나 유동성 공급으로 모든 이가 빚에 대한 두려움으로 가급적 빨리 조기상환 하는 것은 아니며, 모두가 빚을 제때에 갚는 것도 아니다. 시중에 풀린 대출은 고질적인 돈맥경화를 일시적으로 풀어준 것일 뿐이다.

개인 혹은 기업의 입장으로 다시 돌아와 보면 대출은 앞에서 말한 빚을 갚아야 한다는 기본적인 약속이며, 그 말은 곧 자신이 감당할 범위 내에서 활용해야 한다는 것을 알 수 있다. 대출을 능히 감당해 내고 그 받은 돈을 잘 활용하여 투자한 자산가격의 미래 상승을 누리고 기술 혹은 서비스의 확대를 이룬다면 그것은 곧 발전이고 성공적인 효과이다. 자신이 감당할 수 있는 지렛대를 사용하면 편히 더 높이 올라갈 수 있다. 그러나 애초 너무 무리한 것이었다면 그 지렛대는 금방 부러져 자신을 크게 다치게 할 수도 있다.

20

유명해져라
그럼 빨리 부자가 될 수 있다

'유명해져라, 그리하면 대중들은 당신이 똥을 싸더라도 그 모습에 열광할 것이다'라는 말을 들어본 적 있을 것이다. 이 말은 세계적인 팝아티스트 앤디 워홀이 말한 것이라고 잘못 알려졌다. 그러나 그 화두만큼은 주목할 만하다. 말 그대로 유명하다는 것은 사람들에게 잘 알려졌다는 것을 뜻한다. 유명하다는 것은 같은 이들에게 충분히 관심받을 기회를 얻는 것을 뜻한다. 그렇게 생각하면 위 말은 충분히 공감을 얻을 수 있다.

범죄 등 부정적 인식으로 유명해지는 것이 아니라면 일종의 유명세는 분명 대중들에게 나 자신을 잘 알릴 수 있는 긍정적 기회 확률을 뜻한다. 대중매체를 통해 예전에 한 시대를 풍미했던 은퇴한 운동선수가 대중 엔터테이너가 된 사례들이 많다. 이미 얻은 유명세로 대중에게 친근한데 자신의 원래 전문 분야에서 보이던 모습과 다른 모습을 보여주는 것만으로도 대중의 흥미를 이끈다. 심지어 선수일 때 승부욕으로 열정적인 측면 외 다소 예민한 모습으로 비춰줬던 부정적 이미지도 은퇴 후 새로운 긍정적 모습을 보여 대중에게 긍정 효과를 내는 경우도 있다.

유명해짐은 이미 많은 이들에게 큰 영향을 미쳤음을 의미한다. 한 분야 혹은 일정 범위에서 한 획을 그었다는 것은 이미 그것만으로도 큰 힘을 발휘했다는 것이다. 그 능력, 대중들에 대한 인식, 인기는 그것을 바라보는 다수의 눈과 마음이 곧 재산인 셈이다. 즉, 인기를 바탕으로 충분히 부를 쌓는 기회를 얻을 수 있다. 악한 일만 아니라면 무엇이든 좋다. 유명해진 후 선택지는 다양하다. 잘 몰라도 괜찮다. 그 영향력을 좋게 활용하려는 주위 사람들이 자연스레 도와줄 테니 말이다.

21

유망 산업의 중간 유통(길목)이 돈이다

꼭 창조만이 답은 아니다. 어떤 이는 천재적 발상에 의한 창조, 모방을 빌미로 노력하여 얻어낸 개선 등 무언가 만들어내는 것만이 돈이라고 말한다. 그러나 그 외 다양한 방법이 있다. 산업적으로 보면 유통도 그 방법의 하나다.

아무리 좋은 물건이나 서비스가 있어도 일단 팔려야 한다. 팔아야 한다는 것은 공급자에서 소비자에게 잘 전달되어야 하는 과정이 숨어있다. 생산 이후 라스트 마일 등을 거쳐 최종 소비자에게 서비스가 전달되는 이 일련의 과정이 곧 유통이다.

무엇을 팔 것인가, 무엇을 공급할 것인가에 대한 고민이 끝났다면 그것은 자체 생산 혹은 다른 생산자로부터 물품을 사와 그것을 필요로 하는 이에게 되팔면 된다. 만약 돈을 벌고 싶다면 사람들이 좋아하는, 갖고 싶어 하는, 꼭 필요한, 그리고 큰 관심이 있을 만한 유망 산업에 있는 것이 좋다. 꼭 그것을 개발하지 않아도 좋다. 개발할 수 없다면 그것을 공급하는 방법만 잘 알아도, 즉 중간 길목에 자신이 포지셔닝만 잘해도 충분히 돈을 벌 수 있다.

일전에 대형마트에 간 적이 있다. 그 마트는 특정 신용카드 아니면 현금만을 결제수단으로 사용 할 수 있었다. 그곳에 처음 온 사람은 다음 방문 때 그 마트를 편히 이용하고 더불어 발급 신용카드를 통해 인정 할인과 포인트 적립을 받을 수 있다는 말에 마트 입구에서 쉽게 그 카드 상담원과 이야기를 나누었다. 또한, 놀이공원에 갔을 때도 마찬가지이다. 놀이공원의 경우 많은 카드회사와 할인 등 제휴가 되어있다. 놀이공원 입구 입장권 발권소 앞에서 입장료 할인의 많은 혜택을 줄 수 있는 카드를 만들 것을 손쉽게 제안한다. 결정적으로 지금 카드를 만들면 지원금을 준다는 말, 영업 전략에 더욱 빠져들 가능성이 크다. 이렇게 고객이 필요한 길목에서 쉬운 방법으로 제안하는 것은 돈을 버는 방법 중 하나이다.

비단 위뿐만이 아니다. 정보화시대 초기 1990년대에 PC의

보급 가능성을 예견한 분은 컴퓨터 중간 도매상을 영위해 큰 돈을 벌었다. 그리고 2000년대 초반에는 PC 공급의 경쟁 포화와 더불어 모바일 폰의 보급 가능성을 보고 기존 사업을 접고 휴대폰 대리점 사업을 시작했다. 결과는 성공적이었다. 장사를 하는 것, 사업을 하는 것에는 감각이 필요하다. 그리고 그 감각을 사업 발전이라는 결과로 이어지게 하려고 그 산업, 판매의 흐름 속 한 길목에 먼저 자리 잡았다. 상권 분석이든 뭐든 잘 모른다, 그저 나는 중식업이 좋았고 잘 몰라서 그냥 잘되는 곳 옆에 가서 했더니 나도 잘되었다는 어느 연예인의 말처럼 잘 될만한 것을 골라 길목만 잘 잡으면 분명 돈이 된다.

22

너무 완벽할 필요는 없다
적당히 합리적인 가격에
사면 된다

나는 완벽주의라는 말을 경계한다. 일할 때 이웃 나라 일본의 장인정신처럼 자신의 혼을 바쳐, 목숨을 걸 정도의 최선을 다하는 것은 분명 가치 있는 일이다. 그리고 그 노력은 분명 세상이 알아주고 심지어 하늘이 감복한다는 말을 믿는다. **그러나 지나친 완벽주의는 가끔 아집과 집착에 빠지게 한다.** 내가 아니면 안 된다, 이것이 아니면 안 된다, 방법은 무조건 이 하나뿐이다, 라는 생각은 경계해야 한다. 방법적인 측면에서 더 좋은, 더 나은 대안은 분명 존재한다. 정말 중요한 것은 해결점을 찾고 실행하는 것이지, 단일한 절차나 방법에 매몰되어서는 안 된다.

장사는 싸게 사서 그보다 비싸게 팔아 이문을 남기는 것이다. 특히 사람의 마음을 꿰뚫어 완벽히 내게 유리한 거래부터 시작하려 한다. 그러나 간단히 생각해 보면 이는 이루어질 가능성이 희박하다. 상대방도 나만큼 똑똑하고 욕심이 있다는 점을 잊고 산다. 그래서 내가 찾은 합리적인 해결책은 적당히 합리적인 가격에 사는 것부터 시작하는 것이다. 이는 비단 물건을 사고파는 장사에만 국한할 것은 아니다. 스스로에게 기회를 주고 예컨대 공부하고 사업과 같은 일을 도모하는 데도 마찬가지로 적용할 수 있다. 객관적 기준의 최적 타이밍, 최적의 거래는 없다. 다만, 주관적 기준의 최적 선택이 있을 뿐이다. 자신의 기준, 적당함 내지 적정함에 맞춰 삶의 선택을 해야 한다.

23

인플레이션을 타라

경제가 성장하면 자산가격은 오를 수밖에 없다. 경기가 좋을 때 벌어들인 돈, 빚을 져서라도 부동산 등 자산에 미리 투자해 놓아야 한다. 가치와 가격은 다르다. 가치는 절대적이냐 상대적이냐에 따라 구분되고 특히 주체의 판단에 따라 그 크기가 다르다. 가격은 나 자신의 의사판단 혹은 결정과는 다른 차원의 문제이다. 많은 사람이 인식하는 상대 지불의 크기, 그것이 곧 가격이다. 그리고 그 다수의 생각을 지배하는 요인은 시중 유동성이다. 즉, 돈이 흔할 정도로 시중에 많이 풀리게 되면 일정 가치를 가진 자산의 가격은 오를 수밖에 없다.

물론 가치와 가격이 언제나 정비례하는 것은 아니다. 사람들이 인정하는, 예컨대 은행 이자율 대비 투자수익률이 높은 경우 그에 맞추어 건물의 가격을 산정하고 매매하는 기준 등이 있다. 사람들의 인식 속 교환가치가 있는 것들, 현재, 그리고 미래가 알기 쉬운, 구매할 만한 자산들의 가격은 오른다. 자신이 감당할 수 있는 범위 내에서 항상 실패 시 대안, 출구 전략을 생각하며 빚을 져서라도 인플레이션 시대에는 자산을 구매해 놓아야 한다. 쉽게 말해, 돈이 흔한 시대에서는 돈은 쓰레기 종잇조각에 불과하다. 오히려 돈이 너무 많이 풀려 그 가치가 계속 떨어진다면 다른 가치 있는, 오히려 가치가 오를만한 자산으로 바꿔 놓아야 한다.

24

좋은 기업 경영 3요소 :
비용절감
선점 점유율 확보
시장 잠재력이 높은 혁신

누구나 살면서 일을 해야 한다. 종업원이 될 수도 있고, 사장이 될 수도 있다. 그리고 기업에 투자할 수도 있다. 그래서 좋은 경영, 좋은 기업을 구성하는 요소를 알아야 한다. 이른바, 3요소라 칭하고 싶다.

첫째, 좋은 기업은 공통적으로 비용 절감에 주력한다. 결국, 기술개발을 하고 유통구조를 혁신하는 노력 등은 비용을 절감하여 더 싸게 소비자에게 공급하기 위한 목적이다. 신소재를 개발하고 생산 시스템을 개혁하는 것도 마찬가지이다. 결국, 더 좋은 서비스를 더 낮은 가격에 파는 것이 사업의 핵심이라는 말로 바꿔 말할 수 있다.

둘째, 좋은 기업은 남들보다 먼저 새로운 영역을 개척하여 자리 잡는다. 또한, 후발주자라고 하더라도 좋은 기업은 빨리 선점 기업을 벤치마킹하여 시장 점유율을 높이는 데 주력한다. 전자는 이른바 first mover 혹은 pioneer 형 기업이라 하고, 후자는 fast follower라고 한다. 시대 흐름을 먼저 잡아내서 낚아챈 후 진입장벽을 높게 세워 위치를 공고화하는 기업 혹은 먼저 시작하지 않았지만, 성공할 만한 변화를 감지하여 선행자의 시행착오를 간접적으로 깨달아 피하고 빨리 추격하는 기업은 좋은 기업이다.

마지막으로 시장 잠재력이 높은 혁신적인 기업은 좋은 기업이다. 누군가는 꿈을 꾸고 그것을 이루려고 노력한다. 그리고 자신의 비전을 다른 사람들에게 알리고 어떻게든 설득하는 과정을 거친다. 사람들에게 자신의 이상을 쉽게 이해시키고 공감을 얻을 수 있는 것도 능력이다. 그래서 많은 사람의 머릿속에서 추구하는 미래를 그리게 할 수 있는 기업은 분명 주목받을 수 있고, 많은 사람에게 공감대를 얻어 크게 성장할 수 있다. 실제 전기차가 불과 수십 년 전 수익성이나 시장 점유 발전 가능성이 있다고 상상한 사람은 많지 않았다. 그러나 혁신적 기업이 나오기 시작했고, 그를 추종 혹은 비슷한 기업들이 많아지면서 관련 산업도 발달하고 사람들은 어느샌가 그것을 당연하게 받아들이기 시작했다.

좋은 기업을 세울 수 있다. 그리고 좋은 기업에 직접 취업할 수 있다. 또한, 간접적으로 그 기업에 투자할 수도 있다. 좋은 기업을 알아챌 수 있는 위 3요소를 기억하고 실제 참여할 수 있다면 자신도 같이 발전하는 것을 어렵사리 느낄 수 있을 것이다.

25

금융을 이해하고 활용한다

쉽게 말해, 타인의 돈을 잘 빌리고 그것을 잘 활용하는 것도 큰 능력이다. 사회에서 남의 도움 하나 받지 않고 살아갈 수 없는 이치처럼, 발전하려면 원만한 사회관계 속에 경제적 도움 혹은 금융 제도의 원활한 활용을 해야 한다. 결국, 개인 혹은 운영하는 회사의 신용이 가장 중요하다. 남에게 신뢰를 줄 수 있다는 것, 신용은 보이지 않는 것이어서 객관적 혹은 절대적 평가는 불가능하지만 그런데도 사람들은 결국 신용을 판단한다. 남에게 믿음을 줄 수 있다는 것, 이것은 금융 능력과 연결되고 발전 가능성을 의미한다. 무차입 경영처럼 자신의 기술, 자신의 자본으로만 성장을 꾀할 수도 있다. 그러나 본인이 정말 돈을 활용하는 능력이 뛰어나다면 저리로 빌려와 더 큰 수익을 창출해 내고 그것을 발전시켜 다시 소비

혹은 재투자하는 것으로 연결된다면 그것은 자신을 넘어서 사회의 발전에 기여하는 것이다.

물론 남의 돈을 쓰고 무조건 잘될 것이라는 장밋빛 미래는 경계해야 한다. 기업이든 회사든 항상 예측하지 못한 위험 등에 대비해야 한다. 하루아침에 빚만 남게 되고 수익구조가 없어지는 일이 벌어질 수 있다. 일부러 불안에 떨며 살라는 말이 아니다. 그 위험의 속성에 대해 이해하고 그것을 컨트롤할 수 있는 능력을 겸비해야 한다. 평소 때 열심히 하여, 예컨대 직장인이면 안정적 소득의 추구와 합리적인 소비를 하고, 사업가라면 부채관리를 일정하게 그리고 고정 매출처 확대를 통한 매출액 신장과 판매관리비의 절약으로 안정적 이익을 누리는 것을 증명해야 한다. 그리고 가장 결정적인 기회의 순간은 바로 위기 때이다. 평시 미리 준비된 사람은 위기 때 오히려 많은 이들이 그 신용을 사 갈 수밖에 없다. 수익을 추구하는 은행은 더욱 그렇다. 어려울 때일수록 위험한 것은 피하고 기존에 잘해왔던 사람에게 오히려 더한 신용을 사 주는 것이다. 그 원리를 알고 활용해야 한다.

26

<u>시대의 흐름에</u> <u>맞춰 살라</u>

시간은 흐르고 모든 것은 변한다. 절대 가치는 변하지 않는다. 그러나 상대 가치는 언제든 상황에 따라 바뀔 수 있고 바뀌지 않는 절대가치라고 여겨지던 것들도 사람들의 인식 변화에 따라 바뀔 수도 있다. 이러한 흐름을 잘 이해해야 한다. 어떤 이는 경제의 흐름, 라이프 스타일의 흐름 등에 대해 이야기한다. 삶 속 흐르지 않는 것이 없다, 라고 생각하면 자신이 주목하는 그 부분에서 그 흐름을 잘 탈 줄 알아야 한다. **스포츠도 분위기라는 것이 있고 좋은 글에는 맥락이 있다. 그 흐름을 놓치지 않고 잘 읽어내는 사람만이 더 성공할 수 있다.** 비단 성공뿐만 아니라 자연스러운 삶에도 흐름의 이해는 필요하다.

27

복권을 사기보다 파는 사람 혹은 게임을 하기보다 개발자가 될 것을 고민하라

살면서 무언가 가지고 싶고 원하는 것을 얻고 싶다. 그래서 자기만족을 하기도 하고, 남들에게 과시하고 싶다. 그게 바로 인간의 본성이다. 자신이 가지고 싶은, 이루고 싶은 목표를 설정하여 그것에 다다르는 것, 그게 어쩌면 삶의 이유가 될 수도 있다. 그러나 단순히 가치교환의 수단인 돈, 경제력으로 무언가를 바꿔 취한다는 그 거래의 수단에 주목할 필요가 있다. 누구든 돈을 모은다면 그에 맞는 비싼 물건을 살 수 있다. 그리고 정말 가지고 싶은 것이라면 그것이 자신의 정체성을 추구할 만큼 가치 있는 것이라면 가격은 문제 되지 않을 수도 있다. 객관적으로 가치에 비례하여 가격을 매겨 사는 개념은 아니다. 주관적으로 개인이 충분히 지불할 수 있고 필요하다고 느낀다면 그 대상을 살 수밖에 없다. 이 점에 주목해야 한다.

사는 사람이 있다면, 반드시 파는 사람도 있다. 부자가 될 기회를 노린다면 사고자 하는 사람이 되기보다 파는 사람이 되어야 한다. 누구는 현금을 써가며 즐겁게 '게임'을 즐기는 와중에 반대편에서는 사람들이 많은 돈을 쓰게끔 유혹하는 기술을 넣어 게임을 끊임없이 만드는 사람 혹은 시스템이 있기 마련이다.

사람들은 복권을 산다. 복권 1등에 당첨될 확률이 길거리를 가다가 벼락을 맞는 경우보다 낮다는 사실을 한 번쯤 들어봤을 테지만, 당첨되었을 경우를 즐거이 기대하는 심리 때문에 1주일 그 찰나 동안 행복한 꿈에 빠진다. 그리고 당첨이 되지 않으면 또 그 즐거운 상상의 1주일을 산다. 동시에 반대편인 사업을 독점한 기금에서는 복권을 찍어낸다. 복권 사업 초기에는 행복한 1주일 동안의 취기를 판다며 유혹하는 광고를 냈다. 그러나 이제는 그러한 광고를 굳이 내지 않더라도 많은 이들이 복권을 산다. 할 수만 있다면 이런 알짜 사업을 하는 것이 큰돈을 확실하게 버는 비즈니스가 된다. 사람들의 중독 심리를 경계하여 일부 미세한 확률 비즈니스를 하는 사업은 제한을 둔다. 예컨대 복권은 꼭 현금으로 사야 한다. 즉, 빚, 신용카드 등을 사용하여 살 수는 없다. 그리고 1인당 한 번에 구매할 수 있는 금액도 제한을 두고 있다.

비단 복권 사업뿐만 아니다. 경마, 경륜, 기타 도박 사업은 모두 확률을 파는 사업이다. 자신의 의지로 돈을 만드는 비즈니스가 아닌 타의, 그것도 예측하기 어려운, 될 확률이 희박하지만 되기만 하면 일확천금을 얻을 수 있는 희망을 파는 사업인 셈이다. 할 수 있다면 게임에 빠지기보다 게임 개발자가 되기를 고민해야 한다.

28

신용을
잘 활용하는 것이
큰 성공의 길이다

훌륭한 사람은 신용을 잘 지킨다. 역사적으로 믿음을 줄 수 있는 것, 즉 신용은 개인의 삶의 발전에 큰 영향을 미쳤다. 신용을 쌓고 그것으로 공고히 유지할 수 있는 능력은 중요하다. 타인의 능력, 이를테면 돈을 빌리는 것도 신용에 많이 의지한다. 금융은 신용과 담보가 핵심인데, 담보 역시 신용보강의 의미로 작용할 뿐이다. 다른 사람의 보증, 부동산 같은 물건으로서의 보증이 담보인데 결국 빌리는 주체의 신용이 나쁘다면 실제 대출은 이루어지지 않는다.

확고한 신용도로 남의 능력을 빌려 그것을 갚고 빌린 능력을 잘 활용하여 더 발전시킬 수 있다면 그것이 성공이고 사회의 발전에 기여하는 것이다. 빌린 돈을 약속대로 잘 갚으면서 더 큰 이윤을 내 개인 혹은 기업을 발전시킬 수 있다. 또한, 많은 사람의 일자리를 만들어줄 수도 있다. 남의 돈을 잘 활용하는 것을 더 크게 발전시키는 것은 그만큼 직간접적으로 사회를 발전시킨다. 어떤 이는 이를테면 무차입 경영을 중시한다. 남의 돈을 빌리지 않고 자신의 힘으로 일어서는 좁은 의미의 자수성가를 강조한다. 남의 돈을 빌리는 것은 결국 본인에게 부담으로 작용하며 잘못 활용하면 독이 된다는 의미이다. 그러나 혼자 업을 도모할 수도 있지만, 한계가 있을 수 있다. 같이 사는 사회에서 타인의 도움을 전혀 받지 않고 살 수도 없는 노릇이다. 그래서 자신이 약속을 잘 지킬 수 있는 범위 내에서 본인 신용을 때에 따라 적극적으로 활용하는 것이 더한 발전을 이룰 수 있다. 빚이 거의 없는 알짜배기 기업으로 가는 것도 좋지만, 감당 가능한 빚을 유지하며 더 한 발전을 이루는 것도 자기 경영의 선택지 안에 충분히 두어야 한다.

29

거래, 장사를 한다면 이익률이 높은 것으로 한다

　사회생활을 하면 알게 모르게 거래를 계속하게 된다. 비단 물물교환만 일어나는 것은 아니다. 심지어 서로 주고받기로 하는 것, 표면상 일방적으로 주기만 하는 것도 추후 좋은 형태로 되돌아온다는 것을 깨닫는다면 인생은 공짜가 없다는 것을 알 수 있다. 사회는 거래 관계의 연속인 셈이다. 그런데 지금부터 말하고자 하는 거래는 일종의 장사, 비즈니스적 판매에 국한해 보려 한다.

　보는 시각에 따라 거래는 이익률이 높은 비즈니스를 해야 한다고 말하고, 아니면 특히 경쟁상대와 비교하여 매출액을 일단 늘려 이익률은 고사하고 일종의 출혈경쟁 후 시장 점유율을 높게 확브하고 진입장벽을 구축하여 이익률을 늘리는 쪽으로 해야 한다고도 말한다. 생각건대, 장사한다면 우선 거래단가가 큰 것을 대상으로 하는 것이 낫다. 파는 사람 입장이나 사는 사람 입장이나 단가가 크면 진입장벽이 높다. 단가가 크면 경쟁상대는 적고, 사는 사람도 적다. 그런데 예컨대 베블런 효과처럼 사치품에 대한 수요는 경제와 상관없이 많다. 거래의 상대방이 다양하다는 것은 거래 기회가 많음을 의미하지만, 관리가 가능한 범위 내라면 주요 매출처를 대상으로 거래를 이뤄내는 게 더 효율적이다.

단가가 큰 것으로 거래하는 것을 기본으로 점유율 확보를 위해 출혈경쟁을 선택할 수 있다. 그러나 박리다매가 아닌, 후리소매를 택하기로 했다면 단가가 큰 것에 비례하여 거래당 이익률이 높은 것, 높을 것으로 예상되는 물건을 비즈니스 대상으로 선택하는 것이 낫다. 박리다매는 관리하기에 번거롭고 따라 하기 쉽다. 그러나 경쟁력이 있다면 후리소매가 더 확실한 비즈니스이다.

30

시험에 나올 문제를 공부하듯 돈도 벌만 할 일을 해야 한다

　많은 시도는 좋다. 성공사례, 실패사례를 집적하여 그 경험으로 계속 더 나은 결과를 만들 수 있기 때문이다. 시행착오를 겪을수록 성장하는 것은 자명한 사실이다. 그러나 시행착오도 되도록 줄이고 애초 성공 확률에 가까운 시도를 선택하는 것이 좋다. 일종의 공부라고 생각해 보면 좋을 듯하다. 시험을 잘 보고 싶다면, 시험에 나올만한 문제를 공부해야 한다. 학문적 탐구, 진리 탐구를 하기 위해 공부하는 것과 시험 점수를 잘 받기 위한 목표로 공부하는 것은 다르다. 자신이 그리는 성공 목표가 명확하다면 그것에 이를 수 있는 길을 가야 한다. 시험 범위가 있을 것이고, 시험 문제에 나올 가능성이 큰 분야를 공부하는 것처럼 성공에 이르는 방법도 마찬가지이다.

  공부할 때 기출문제를 먼저 공부한다. 그 시험의 패턴을 파악하고 기존에 중요해서 나온 문제를 공부해 본다. **기출문제를 먼저 풀어봤다고 해서 똑같은 문제가 나오지 않는다. 그러나 비슷하게 나온다. 중요한 것은 잘 변하지 않는 법이기 때문이다.** 성공도 마찬가지가 아닐까 싶다. 결과는 다를지언정 인정받는 풀이 방법이 매우 다양하고, 수학에서 나오는 숫자처럼 완벽하게 일치할 필요도 없다. 주관식 논술 답안을 제출하는 것처럼 의미만 맞고 논리가 맞는, 다른 사례에도 충분히 적용 가능할 구조라면 성공 방식을 찾은 셈이다. 그래서 맨주먹으로 성공을 하는 것보다 먼저 높은 곳에 오른 이의 성공사례를 탐구하고 역사를 공부하는 것도 좋은 방법이다. 이것이 바로 성공 기출문제를 공부하는 예시가 되리라 생각한다.

31

기업회계를 단순히 이해하라

기업은 매년 재무제표라는 자체 성적표를 만든다. 자신을 돌아보는 용도이지만, 규모가 커질수록 공인된 전문가의 검증(회계감사)을 받는다. 이를 정리하면 얼마를 벌어들이고 써서 최종 얼마를 남겼는지, 잃었는지(손익계산서)를 본다. 그리고 내 평가 자산의 양이 얼마인지 그 구성이 내 돈과 남의 돈(갚아야 할 든)의 비중이 어떻게 되는지도 평가(재무상태표)한다. 그리고 특히 기업이 클수록 중요하게 보는 관점이 있다. 거래의 수단인 현금의 유입, 출입 흐름(현금흐름표)을 본다. 아무리 투자인 듯 보여도 실제 쓸 돈이 없다면(흑자도산) 그 사람은 당한다.

생각하는 기업회계의 핵심은 이것이다. **비용을 얼마나 절감하였는지(이익추구), 우량 자산에 투자했는지(자산 규모),**

정기적 거래처 매출이 있는지(현금 기본금 예상구조), 주요 영업 외 부외 수입 파이프라인이 탄탄한지(수익 다각화) 정도이다. 첨단 기술 산업도 규모가 커질수록 새로운 개발도 추구하지만, 결국은 원가 등 비용 절감이 핵심이다. 돈을 많이 벌어도 쓰레기 자산에 돈이 다 들어가면 부유해질 수 없다. 또한, 주요 사업 분야에서 안정적인 매출이 일어나야 경영이 예상 가능하고, 한 곳에만 너무 치우치지 않고 여러 군데에서 수익이 나와야 기업이 오래 유지될 수 있다.

그리고 제일 중요한 점 하나가 있다. **사업은 결국 남의 돈을 잘 활용하여 그 원금과 이자를 감당해 내며 더한 수익을 얻는 모험이다. 부채관리에 신경을 써야 한다.** 부채가 싫다면 자기 지분(투자유치)을 주면 된다. 반대의 경우도 성립한다. 돈을 빌려주어 이자를 받는 입장이 될 수 있다. 아니면, 아예 필요한 회사의 지분을 매입(M&A)도 할 수 있다. 물론 투자한 회사가 망하면 투여한 돈은 모두 잃는다.

32

사업을 한다는 것은 무언가 판다는 것이다

 돈을 번다는 것, 장사를 한다는 것, 사업을 한다는 것은 무언가 판다는 것이다. 자신이 가진 능력, 물건을 팔든지, 아니면 그것을 사다가 혹 빌려다가 되팔든지 이것이 기본이다. 팔면 당연히 반대로 들어오는 것이 있기 마련이다. 무료는 파는 것이 아니다. 말 그대로 그냥 준 것이다. 판매의 대가로 받는 것은 대개 돈이다. 그 돈이라는 수단으로 다른 능력을 살 수도 있고, 물건을 구매할 수도 있다. 결국, 내가 쓴 에너지의 값을 돈으로 받는 셈이다. 그런데 사업을 잘하는 사람은 자신이 제공한 에너지의 제값을 잘 받아낸다. 그리고 영악하리만큼 사업에 도가 튼 사람은 사는 사람이 무엇이 필요한지 명확히 파악하여 자신만 대개 독점적으로 줄 수 있는 것을 제값보다 더 비싸게 파는 방법을 안다. 그것도 능력이다. 재빨리 상황 판단을 하고, 필요에 따라 태세 전환하여 좋은 서비스를 빠르게 공급하는 능력, 그리고 사업이 시들면 빨리 접고 다른 것을 준비할 줄 아는 판단력 등이 사업가가 지녀야 할 태도이다.

정리하면, 잘 팔아야 한다. 그리고 그에 합당한 대가를 잘 받아내야 한다. 그리고 팔 수 있는 것을, 궁극적으로 사람들의 필요 심리를 잘 알고 빨리 달려들지 혹은 물러설지 결정해야 한다.

33

사업성장의 4가지 조건 :
경영 판단
자원의 배치
안정 성장
법의 활용

사업을 성장시킨 사람들에게 공통적인 패턴이 있다. 일종의 역사적 공통점이라 칭하고 싶다. 총 4가지로 정리해 본다.

첫째, 뛰어난 기업가는 신중함과 과감함을 동시에 지니고 있다. 일종의 타이밍 잡기에 능하다고 평가할 수도 있고, 힘의 배분을 적절히 잘하는 것으로 볼 수도 있다. 신중함과 과감성은 이율배반적인 성격으로 볼 수 있다. 그러나 하나만 잘하는 것보다 상황에 따라 적정히 응할 수 있는 능력은 다르다. 싸움으로 치면 공격과 방어에 둘 다 능한 것이 한 가지에만 능한 것보다 나은 이치이다.

둘째, 사업을 잘 확장하는 주인은 자원 배치를 잘한다. 그것이 자본이든 사업 영역이든, 그리고 사람이든 배분에 능하다. 예를 들면, 자기자본과 타인자본 배분을 잘해 빚 관리를 잘하는 사람을 볼 수 있다. 그리고 한 쪽에만 치우치지 않고 수익 파이프라인을 다각적으로 잘 갖추고 나아가 시너지를 내는 사업 영역을 구성해 나가는 것도 볼 수 있다. 자신보다 뛰어난 사람들을 알아보고 그들을 적재적소에 배치해 문제를 대신 해결해 주게끔 만드는 것도 성공한 이들의 자질이다.

셋째, 크게 된 기업은 안정적인 현금흐름을 창출하는 사업을 가진 것을 기본 바탕으로 하여 다른 유망사업을 사는 것을 통해 양적, 질적 성장을 이룬다. 즉, 사업을 탄탄히 하고 벌어들인 돈을 바탕으로 M&A를 통해 성장한다. 자신이 전혀 모르는 영역의 후발주자인 상태에서 앞선 이를 따라잡으려면 많은 에너지가 필요하다. 머리는 빌리면 된다, 필요한 기술은 사 오면 된다는 말처럼 적정한 가격에 사업을 사서 키우면 된다. 쉽게 말해 안정적으로 돈을 벌어 그 돈으로 더 큰돈을 벌 가능성이 있는 장사 시스템을 새로 사는 것이다.

넷째, 사업에서 기업으로 커지는 단계에서 비상장사의 합병, 신주인수권부 사채 등 상법과 세법을 잘 활용하는 예를 찾을 수 있다. 즉, 법에 능하고 이를 잘 활용하는 곳이 큰 기업이 된다. 오너가의 편법 증여 문제는 별론으로 하더라도 회사를 키우는 데 법을 잘 활용하는 곳이 많다. 완벽한 법은 없다는 말도 있다. 그러나 있는 법을 지키지 않는 것과 법을 잘 활용하는 것은 다른 문제이다. 옳고 그름의 측면이 아니라, 활용적인 측면에서 성장에는 적법의 활용이 필요하다는 것을 강조한다.

34

주체별 경제적 성장 2요소 :
개인 = 근로소득 + 자본소득
회사 = 창업도전 + 투자성장

한 장사꾼에게 들은 말이 있다. 한 가지만 잘해도 먹고 산다는 말이었다. 돈을 버는 데 많은 방법이 있지만, 사실 한 가지만 잘해도 충분하다는 것이다. 그는 개인적인 생각으로 길목만 잘 지키고 있어도 돈을 벌 수 있다고 했다. 어떤 이는 아이템이 중요하다고 하고, 또 다른 이는 시작하는 초기 자본의 크기 혹은 자본 조달이 중요하다고도 한다. 모두 맞는 이야기이다. 다만, 관점에 따라 우선순위의 차이, 선호의 차이가 있을 뿐이다.

지금부터 하는 이야기도 그러한 맥락이다. 경제적 성장에 관해 중요한 2요소를 말해본다. 만약 개인이라면 높은 근로소득(사업소득)과 투자소득의 두 마리 토끼를 잘 잡아야 크게 성장할 수 있다. 직장인이라면 적더라도 정기적인 월급여 소득이 있고 그를 바탕으로 미래를 바라보고 유망 자산에 투자해 놓아야 한다. 하루아침에 부자가 되지 않는다. 꾸준히 모아간다는 마음으로 임해야 하고 다만, 운이 따르면 남보다 조금 더 일찍 높은 곳에 이를 수 있다. 개인사업자라면 정기적인 시스템을 만드는 데 노력해야 한다. 어쩌면 안정적인 위치에 이르기까지 우량 직장인보다 늦을 수도 있다. 그러나 반대로 더 빨리 갈 수도 있다. 노력과 운에 따라 시기가 전후로 바뀔 뿐이다.

기업의 경우 현재 성장 트렌드는 이렇다. 예상컨대, 용어만 바뀔지 모른다. 벤처 열풍이 스타트업 열풍이라고 이름만 살짝 바뀐 예처럼 말이다. 대개, 수요가 충분한 산업 분야의 기술창업을 일으키는 게 좋다. 과거로 시계를 돌려보면 그때에도 공부하지 않으면 기술을 배워 장사하라고 말하곤 했다. 넘볼 수 있는 기술의 범위는 상당히 확장되었다. 시계를 다시 현재로 돌려보면 이제 컴퓨터, 모바일, 가상현실 등 이용할 수 있는 범위는 매우 넓어졌다. 시대 흐름까지 크게 잘 맞는 운이 따르면 빨리 성장할 수 있다. 이렇게 성장한 기술창업을 바탕으로 치킨게임을 감수한 매출액 성장, 그리고 투자받은 돈을 바탕으로 M&A 시너지 성장을 하는 것이 트렌드이다.

사실 새로운 것은 없다. 예전에도 그러했다. 사람들이 잘 몰랐을 뿐이지 개발이 한창이던 시기 건설업으로 돈을 벌어 큰 매몰비용, 시설투자에 큰돈이 들어가는 제조업 등으로 재벌그룹은 확장정책을 펼쳤다. 형태가 조금 달라 보일 뿐이지 요즘에도 성장의 형태는 크게 변하지 않았다. 이를 기억하고 실행한다면 큰 기업을 이룰 수 있다.

35

사업하기 좋은 환경 :
저환율 저유가 저금리

대체 언제가 일을 도모하기에, 그것이 투자이든 사업이 되었든 주변 환경요소들에 대해 생각하기 마련이다. 개인적으로 세 가지 정도를 본다.

먼저 환율이다. 기축통화인 미화 달러, 중국 위안, 일본 엔 정도는 잘 볼 필요가 있다. 그들 주체는 우리나라와 무역 관계가 깊은 곳이고, 덩치가 큰 국가이다. 예컨대, 우리 산업과 관계가 깊은 나라에서 내외부 문제로 휘청거리면 우리 원 대비 환율에도 분명 영향을 미친다. 단순하게 환 투자를 할 때 이런 상대적인 관계를 생각할 수 있어야 한다. 미국 달러 기준, 환율이 내리면 수입기업은 유리하다. 왜냐하면, 원료를 싸게 수입해 올 수 있기 때문이다. 반대의 경우도 한번 생각해 보자. 미국은 첨단기술 국가이며 세계 최대 무기 수출국이다.

만약 미국이 양적완화 등 유동성 공급으로 달러 가치 자체가 낮아지면 미국 경제는 풀린 돈으로 경제가 일시적으로 좋아지기 마련이다. 그것은 미국 주식가격 상승으로 이어진다. 고환율의 경우, 국내 수출업종은 좋아진다. 결제 대금으로 달러를 낮게 받아도 한국 원화로 환전하면 큰돈을 받을 수 있다. 좀 더 생각해 보면 수출 시 가격을 낮출 수 있어 다른 나라의 수출품 대비 가격 경쟁력을 확보할 수 있다.

다음은 유가이다. 유가가 낮은 상태로 유지되면 우리나라 같은 가공무역 국가는 좋다. 원료가가 낮아지는 것이고 그 효과로 최종 상품의 가격을 낮게 해서 수출 가격 경쟁력을 유지할 수 있다. 한 가지 중요한 점이 있다. 지금까지 국제유가는 미국 달러로만 결제했다. 그러나 중국의 힘이 커지면서 일부 국가의 경우 중국 위안으로도 결제를 하려는 움직임이 있다. 아직 전 세계가 달러로 결제기준을 가지고 있는 점에 익숙해져 있다. 만약 중국 통화의 영향력이 확대되더라도 큰 변화는 없을 수도 있지만, 예의주시할 필요는 있다.

마지막으로 금리에 대해 알아야 한다. 저금리 상황이 유지된다는 것은 시중 유동성의 증가를 뜻한다. 풀린 돈이 많으면 실물가격은 오르기 마련이다. 물가상승 현상이 반드시 동반된다. 기업도 가계도 금리가 낮으면 여신을 적극적으로 활용하게 마련이다. 쉽게 갚을 수 있고, 미래에도 그렇게 할 기대감이 있기 때문이다. 그러나 시장 변화가 초래된 후가 문제가 된다. 정부는 안정을 중요시한다. 발전도 급격한 발전은 해가 따라오는 것을 경험적으로 잘 알고 있다. 그것이 점진적 발전, 예측 가능성을 중시하는 이유이다. 금리에 있어 예컨대 미국이 금리를 올리면 관계가 깊은 우리도 그것을 따라가는 경향이 있다. 이론적으로 우리가 미국보다 더 금리가 상대적으로 더 높아야 투자금 등도 유입될 가능성이 크다. 그러나 금리를 너무 높이 올리면 경제 불황을 초래할 수도 있기 때문에 인플레이션을 각오하더라도 금리를 낮게 측정할 수는 있다. 경기가 살지 않았는데 금리부터 올리면 불황을 초래한다는 뜻이다. 그래서 한국은행의 금리정책은 일종의 눈치 싸움, 유연한 대처가 핵심이라는 점도 알아야 한다. 성장에 있어 인플레이션은 어쩔 수 없이 함께 가는 현상이다. 그러나 다시 강조하면, 무엇이든 급격한 것은 좋지 않다. 급등 혹은 급락은 큰 혼란을 불러올 수 있다. 인과관계의 규명처럼 과학적으로 보이기도 하지만 통계적 현상처럼 상관관계로도 보이는 금리 현상에 있어 역시 자신의 상황에 적용할 때 유연하게 대처할 필요가 있다. 그것이 실제 적응이든 가까운 미래 예견이든 말이다.

36

1등 기업의 발굴 :
숲을 보는 거시적 흐름 파악
좋은 재목을 알아보는 세밀함

크게 볼 줄도 알아야 한다. 그리고 동시에 면밀히 파악할 줄도 알아야 한다. **너무 멀리 보면 등잔 밑을 볼 수 없고, 너무 작게만 보면 마주 오는 사람과도 부딪힐 수도 있다.** 동시에 두 손을 다 쓸 수 있으면 금상첨화이다.

단순하게 보일 수 있다. 그리고 그 실행이 참 어려울 수 있다는 점도 안다. 숲을 잘 봐야 하고 좋은 재목도 잘 알아봐야 한다는 것, 둘 다 잘하면 좋다는 것 당연한 얘기로 치부할 수 있다. 그러나 역시 한 가지만 잘하는 것보다 같이 있으면 당연히 더 좋은 것 아닌가.

소규모 전투에서 번번이 승리하여 분위기를 잡고 최종 전쟁에서 승리하는 법을 염두에 두어야 한다.

37

Need, Want, Like의 차이를 알면 돈을 쉽게 많이 벌 수 있다

영어 공부를 하며 익숙해진 세 단어를 기억할 것이다. 바로 *need, want, like*이다. 생각해 보면 많이 쓰는 단어이기에 그만큼 익숙하게 외우는 단어이다. 명사로 번역하면, **필요함, 원함, 좋아함**이다. 너무 흔한 표현이고 그만큼 많이 쓰는 표현이지만 진지하게 생각하지 않는 뜻이기도 하다. 그러나 이 세 가지는 매우 중요하다.

나의 관점에서 필요한 것, 원하는 것, 좋아하는 것 등 이 세 가지를 알고 이에 대한 대상을 명확히 하고 목표를 달성해 나갈수록 행복해질 수 있다. 세 가지를 모두 가지지 않아도 좋다. 한 가지만 제대로 갖춰도 그럭저럭 살 수 있다. 세 가지를 모두 가지면 남들이 뭐라 한들 가장 행복해지지 않을까 싶다.

  남의 관점에서 필요한 것, 원하는 것, 좋아하는 것 또한 잘 알 필요가 있다. 그것을 내가 충족해 줄 수 있는 만큼 그 대가를 비례해서 받을 것이다. 즉, 수요를 명확히 찾아 그 서비스를 공급해 줄 수 있는 능력을 갖추고 제공해 준다면 돈을 벌 수 있다. 자신에게 집중하며 사는 것도 중요한 것처럼 남에게도 관심을 두는 것 또한 필요하다. 역설적으로 타인의 욕구를 충족해질수록 자신도 행복해질 수 있다.

제2부
인간관계

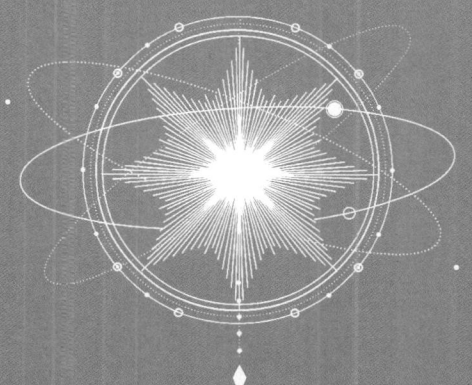

38

도움을 주고받을 만한 친구를 잘 두라

아무리 혼자 잘난 사람이라고 해도 사회에서 혼자 살 수는 없다. 한 사람의 능력이 출중해서 70억 명에게 영향을 끼칠 훌륭한 사람이 될 수도 있다. 그러나 그 사람조차 혼자 살 수는 없다. 다 알게 모르게 누군가의 그것도 많은 이들의 도움을 받고 살아간다. 심지어 먹을 것, 입을 것, 수도, 전기 공공시설 등 다 직간접 도움을 받는다. 이를 인정하고 사회에 적응해야 한다. 직접 **도움을 주고받을 만한 친구를 잘 두고 사귀어야 한다. 도움은 항상 일방적으로 주기만 하는 것도 아니고 그렇다고 받기만 하는 것도 아니다.** 그렇다고 1대 1식의 give & take도 아니다. 그건 비즈니스이다. 친구관계란 비즈니스를 넘어서는 관계이다. 사람의 마음은 돈만으로는 주고 살 수는 없다. 사람의 마음을 사려면 마음을 주어야 한다. 깊은 친구는 언제나 너에게 큰 도움이 될 것이다.

39

친구는
네가 도움을 줄 수 있어야 한다
그래야 주위에 사람이 많고
너를 따른다

친구는 무조건 많을수록 좋다고 배웠다. 그런데 나이가 지날수록 오래된 친구는 그 수가 자연히 줄어들더라. 그리고 친구 수가 무조건 많다고 다 좋은 것도 아닌 듯하다. 굳이 친구의 질이라고 표현하기는 싫지만, 좋은 친구가 많았으면 하는 게 부모로서의 바람이다. 그리고 좀 더 바람이 있다면, 그래도 네가 좀 더 성장해서 친구에게 도움을 줄 수 있는 위치에 있었으면 한다. 그래야 주위에 사람이 떠나지 않고 너와 함께할 것이다. 그리고 네가 위험할 때 냉정히 말해 전부 다는 아니겠지만, 도움을 받았던 것을 기억하고 일부는 그 은혜를 갚을 수도 있다. 그리고 혹여라도 다시 되돌려받지 못하더라도 실망하지 마라. 원래 그런 것이다. 먼저 그 사람의 형편이 안

될 수도 있다. 그런데 세상의 이치가 원래 돌고 도는 것이라서 네가 베푼 선행이 어떤 형태로든 네게 돌아오지 않으면 너와 관련된 이를테면 네 가족, 친지에게라도 반드시 돌아올 것이다. 많은 지혜로운 사람들이 그렇게 말하는 것을 보면 과학적인 증거는 없지만 그래도 한 번 새겨들을 만한 가치는 있어 보인다.

   친구를 사귈 때 도움을 주고받는 데 조금씩 손해 보는 것은 괜찮다고 일전에 존경하는 고등학교 담임 선생님께서 해주신 말씀이 있다. 참으로 올바른 교훈을 주신 것으로 생각한다. 그러나 속칭 물주가 될 필요는 없다. 호의가 지나치면 당연한 권리인 줄 안다는 말처럼 베푸는 것은 좋으나 무조건 양보하고 져줄 필요는 없다. 때론 피치 못할 경쟁에서 이겨야 할 때도 있을 것이고 냉정하게 끊어야 할 때는 돌아설 줄도 알아야 한다. 그것은 상황에 따라 다른 것이기 때문에 항상 모 아니면 도, 식의 적용은 아니다. 원만한 친구 관계를 유지하면서 너와 나, 우리라는 마음을 갖게 하는 것을 생각하는 게 중요하다. 네가 친구의 항상 밑에 있고, 양보하는 사람, 혹은 역으로 군림하는 사람으로 상대방이 생각하게 만든다면 그것은 이미 친구가 아니다.

40

공감대: 많은 사람의 마음을 얻을 수 있다면 무엇이든 될 수 있다

학부 시절, 동양 문학 강의를 들은 적이 있다. 그때 교수님께서 결국 많은 사람으로부터 공감대를 형성하는 것이 힘이 된다는 역사적 진리에 대해 배운 적이 있다. 흔히 실력 있는 친구가 많은 사람이 성공할 가능성이 크다는 것과 일견 일맥상통하지 않을 수 없다. 간혹 자기 혼자 잘났다고 마구 떠드는 사람들이 있다. 그리고 그중에서는 자기 힘만 믿고 힘자랑을 하는 사람도 볼 것이다. 예컨대, 힘을 내세워 약자를 마구 괴롭히는 사람들을 볼 것이다. 그런데 결국 그 사람보다 더 수많은 사람의 눈과 마음이 그 사람을 지켜보고 있을 것이다. 결국, 화가 그 사람에게 되돌아갈 것임이 틀림없다.

다수 사람의 마음을 얻는다는 것은 힘들지만 일단 얻으면 큰 힘이 될 수 있다. 공감대를 얻는다는 것이 꼭 너의 주장, 의지의 시비비를 따지지도 않는다. 네 의견이 시대의 흐름을 읽는 올바른 눈이어서 공감을 살 수도 있고, 타인의 마음을 알고 이해해 주어 그럴 수도 있고, 혹은 그런 것과 관계없이 너라는 사람 자체 매력만으로 지지를 받을 수도 있다. 즉, 어느 정도 마음을 얻으면 네 이름, 간판만 보고도 사람들은 믿고 의지할 것이다. 사람들의 마음을 얻는다는 것은 대단한 일이다.

많은 사람의 마음을 얻는 것은 도움이 된다. 무조건 다수의 눈치를 보라는 뜻은 절대 아니다. 그러나 그만큼 타인에 대한 배려를 지키는 기본 마음가짐을 가지라는 말을 꼭 하고 싶다. 실제로 훌륭한 위인들은 많은 사람의 마음을 얻어 성공했다. 현더 다수결 투표를 통해 당선된 정치인들도 그렇고 많은 사람의 삶을 바꾸는 제품을 개발해 그것을 팔아 큰 부자가 된 기업가도 쉽게 찾아볼 수 있다. 많은 사람이 찾고 너를 의지한다면 그만큼 너의 영향력은 커질 것이다. 그렇게 생각하면 힘들지라도 미래의 권력자, 혁신 기업가 무엇이든 될 수 있음이 불가능한 것은 절대 아니다.

41
상대방 관점에서 듣고 싶어 하는 말 필요로 하는 것을 줄 수 있어야 성공한다

예전에 나는 내 주장을 논리적으로 하는 것이 최고라고 생각했다. 무엇이 옳다, 그르다를 이야기하면서 이치에 맞는 근거를 주장하면 그것이 나를 드러내는 것이고 남을 쉽게 설득하여 나 자신이 인정받는 것이라 믿었다. 그리고 남에게도 심지어 다수가 그렇게 생각하지 않더라도 남에게 내 소신을 밝히는 것이라 그것이 언제나 옳은 일이라고 믿었다. 그러나 그것이 전부가 아님을 나중에 깨달았다.

쉽게 말해 남에 대한 배려가 부족했다는 생각을 먼저 했다. 남들도 다 나름의 생각이 있음을 인정해야 한다. 그리고 그

의견을 자신의 의견인 양 무조건 따르지는 않더라도 그 생각 자체는 존중해야 한다. 심지어 이런저런 생각으로 아전인수를 하는 것은 아닌지도 생각해 봐야 한다. 다수의 견해가 무조건 옳은 것도 아니고, 소수의 견해라도 존중받아야 하는 점은 맞다. 그러나 타인에 대한 태도 부분에 있어 먼저 상대방을 존중하는 마음이 있어야 대화를 할 수 있다. 아무리 자신이 옳아도 자신의 의견만 내세우는 것은 일방적 통보에 불과하다.

내 관점이 아닌, 상대방 관점에서 듣고 싶어 하는 말을 해줘야 사회적으로는 더 빨리 성공할 수 있는지도 모른다. 예컨대, 자신이 무슨 실수나 잘못을 한 경우 혹은 그렇게 오해받는 경우를 생각해 보자. 윗사람이 그 일 자체에 관해 물을 때 나름의 이유를 말하는 경우가 많다.

"사실 그 문제는 이러했고, 그래서 이러한 결과가 나온 것입니다."

충분히 논리적일 수 있다. 그런데 이는 자신의 잘못이 아니라는 불필요한 항변일 수도 있다. 오히려 윗사람에게 먼저 이렇게 말하는 게 순서가 될 수 있다.

"네, 그 결과는 잘못되었습니다. 죄송합니다."

윗사람이 듣고 싶어 하는 대답은 이것 자체일 수 있다. 죄송하다는 말 한마디가 듣는 사람 관점에서는 말한 사람의 잘못에 대한 인정을 넘어 겸손함을 볼 수도 있다. **윗사람은 잘못에 대한 책임이 아니라, 일을 대하는 태도에 대해 보는 것일 가능성이 크다.** 그러니 사회생활을 할 때 윗사람이 듣고 싶어 하는 말을 먼저 해준다면, 혹은 그러한 태도를 보여준다면 그 사람은 너를 높게 평가할 것이다.

다른 예를 들어볼 수도 있다. 반대의 경우를 먼저 말해보면 애플의 스티브 잡스처럼 자신의 초인적 능력, 집념으로 먼저 세상에 새로운 것을 창조하고 다수 일반인을 자신이 원했던 세상 속으로 끌어들일 수도 있다. 그러나 그런 경우는 소수이다. 대개 다수 소비자에 대한 시장조사 후 그에 맞는 제품 혹은 상품을 개발하는 것이 일반적이다. 다수 사람의 마음을 사로잡는 일, 다시 한번 강조하지만, 매우 중요한 일이다. 그런데 그 사람들이 원하는 것을 먼저 사려 깊게 찾아보는 것이 자신의 주장을 강력하게 내세워 따라오게 하는 것보다 더 나을 수 있다. 실제로 많은 기업이 전자의 방식을 취한다. 그것이 더 쉬울뿐더러 기업으로서 예측 가능한 위험이 적기 때문이다. 그래서 시장조사를 잘하는 사람, 대중 마케팅을 잘하는 사람 등이 조직에서도 성공한다. 많은 사람이 필요로 하는 것을 줄 수 있는 능력이 있기 때문이다. 그게 또 돈과도 연결되기 때문에 성공도 빠를 수밖에 없다.

42

다른 사람이
나를 먼저 찾아오게끔 해야 한다
그 유명세를 얻기까지는
내가 먼저
적극적으로 찾아간다

    일전에 크게 성공한 YG 엔터테인먼트의 양현석 회장이 개인 인터뷰에서 한 이야기를 소개하고자 한다. 더 큰 회사와의 비즈니스 협업과 관련한 답변이었다. 그는 원하는 것이 있을 때, 업무 협조가 필요할 때, 상대방이 내가 필요해서 찾아오게끔 해야 한다고 말했다. 본인이 먼저 준비되어 있으면 필요할 때 먼저 힘이 됨과 동시에 상대방으로부터 도움을 받을 수도 있다는 취지로 해석된다.

    사업을 할 때도 마찬가지이지만, 같이 더불어 사는 사회를 생각하면 이는 관계적 측면에서 두루 적용할 수 있는 예이다.

다른 사람이 먼저 찾아오면 일단 주도권을 가질 수 있다. 무조건 더 얻어내고자 하는 마음만은 절대 아니다. 원하는 것을 주고받는 관계에서 자신의 큰 그림대로 실행 계획을 만들 수 있다는 것은 업무 추진에 있어 큰 힘이 틀림없다. 그러려면 먼저 자신이 힘을 가져야 한다. 자신을 알리고, 혹은 남들이 어느 부분에서는 나를 찾아올 수 있도록 유명해져야 한다.

그러려면 먼저 자신의 가치를 높여야 한다. 먼저 잘 된 선례를 적극적으로 벤치마킹하는 것도 방법이 될 수 있다. 또한, 잘 된 방법을 적극적으로 찾는 노력이 필요하고 배움을 청할 때 혹은 도움을 받을 때 상대가 필요한 것이 무엇인지 파악하고 상대방에게 그것을 줄 수 있다는 확신을 심어줘야 한다. 그것이 내 힘을 쌓는 성장의 길이고 종국에는 필요한 사람들이 나를 찾아오게끔 만드는 과정이다.

43

새로운 세대의 유입 : 세대교체는 언제나 이뤄진다 그 세대의 마음을 잡아야 한다

국제 경기 스포츠를 봐도 한 번 챔피언이 영원토록 그 자리를 유지하는 것은 아니다. 시간이 지나면 잘하는 사람, 그리고 이전까지 잘 운영된 시스템도 쇠퇴하기 마련이다. 새로운 세대가 성장하여 시대의 주인공이 되는 것은 당연한 이치이다. 그 이전의 한 시대를 주름잡았던 구세대는 뒤로 물러난다. 만약 그렇지 않다면 다툼과 그로 인한 혼란이 생기기도 한다.

이전 세대들은 이야기한다. 어떻게 이룩한 현재이고 가치인데 그것을 왜 인정해 주지 않느냐고 한다. 그런데 그것을 다시 생각해 보면 무조건적 인정, 변화에 대한 두려움으로 현상유지를 뜻하는 것만은 아니다. 어쩌면 구세대는 경험을 가르쳐주고 싶은 마음도 있고, 기존에 대한 보상과 무엇보다도 노력에 대한 존중을 받고 싶어 한다. 중요한 것은 시간이 흘러도 바뀌지 않으면 자신은 새로운 흐름을 탈 수 없다는 것이다.

새로운 세대, 힘 있고 역동적인 젊은 세대가 언제나 세상을 이끌어갈 수밖에 없다. 또한, 구세대도 기존 세상에 대한 일종의 부채의식 관념에 얽매여 있을 필요도 없다. 세대 갈등, 그로 인한 혼란도 일종의 융합 과정이라고 보고 그 속에서 방법을 찾아야 한다.

만약 세상에 적극적으로 나올, 이른바 출세하고 싶다면 젊은 세대의 마음을 잡아야 한다. 젊은 세대는 이미 이루어놓은 선배 세대보다 가진 경제력은 부족하다. 그러나 그들은 역동적이다. 세상이 발전할수록 적극적으로 소비하고 투자하며, 무엇보다도 자신의 삶에 대해 스스로 결정하려는 의지가 강하다. 그들의 마음을 잡을 수 있다면, 정치든, 경제든, 기타 무엇이든 힘을 얻을 수 있을 것이다.

44

관계의 기본은 웃는 얼굴로 인사하는 것이다

남들과 함께하는 사회에서 인사만큼 가성비가 좋은 표현은 없다. 돈도 들지 않는데 친근감을 보여줄 수 있는 최고의 표현은 웃는 얼굴로 맞이하는 인사이다. 인사말 한마디가 큰 힘을 갖는다. 자신에게 해가 될 무기가 없다는 것을 보여주는 데서 유래했다는 악수처럼, 웃는 얼굴과 함께하는 인사는 내가 상대에게 호의를 갖고 있다는 것을 표현하는 중요한 수단이다.

여기에 더해 부드러운 목소리, 때로 사려 깊은 글솜씨가 함께 한다면 더할 나위 없이 좋다. 이는 본인의 진심을 보여준다. 겉보기에 밝은 줄만 알았던 모습에 속으로 진중함까지 있음을 표현하는 것은 상대에게 긍정적인 인상을 남길 수 있다.

45

유머는
소통의 큰 능력이다

유머러스한 것도 재능이다. 유머는 소통함에 큰 능력이다. 재밌는 사람은 어디를 가도 환영을 받는다. 유머가 있는 이는 대개 순발력이 좋다. 이는 타고난 본성이 대부분이다. 그러나 노력을 하면 일정 단계까지 올라오리라 믿는다. 그리고 유머 있는 사람은 핵심을 잘 짚어내기에 여유를 가짐과 동시에 눈치가 빠르다. 말이 여러 군데에서 오가는 와중에 적절한 타이밍을 잡아 대화에 참여하고 주도하기도 한다.

또한, 재밌는 사람은 말의 짜임새가 있다. 노래처럼 기승전결이 있다. 그리고 일정 포인트에서 흥미를 유발하고 때로 반전의 매력도 보여준다. 비유 등의 표현을 사용하여 사람들이 알기 쉽게 말한다. 그리고 가장 고단수는 역설적인 표현을 사용한다. 반어법을 사용함을 넘어 풍자에 능하다.

46

대면은
자신감 있는 눈빛과
분명한 목소리가
9할이다

　말은 한다는 것은 곧 쇼(show)다. 즉, 보여주는 엔터테이닝과 같다. 자기 스타일에 따라 차분하게 말하는 것, 혹은 열정적으로 속도도 빠르게 말하는 것이 때에 따라 돋보일 수 있다. 그러나 분명한 것은 공통적으로 자신감 있는 눈빛과 분명한 목소리가 말을 전달하는데 대부분이라는 것이다. 말은 하는 것은 듣는 사람을 위한 것이다. 말은 비단 들리는 것뿐만이 아니다. 잘 들리게 하도록 때로 제스처도 사용하고 속도조절, 소리의 강약조절도 사용할 수 있다. 그 외 프레젠테이션 등 시각 자료를 사용할 수도 있다. 그런데 그런 부차적인 것보다 가장 중요한 것은 눈빛과 분명한 목소리이다. 말하는 사람 자체에 주목하게 만들어야 한다. 말하는 내가 자신감 있게 진실로 말한다는 것을 보여주면 그게 곧 완벽한 말하기이다.

아무리 논리가 완벽해도 격정의 감정으로 이야기한다 해도 말하는 사람이 믿음직스럽지 못하다면, 혹은 발음의 문제로 잘 이해할 수 없다면 듣는 사람은 그냥 듣기 싫어질 뿐이다. 보이기에 완벽해 보이는 구조라도 듣기 싫으면 앞에 있어도 단연코 선택하지 않는다. 기억하라. 자신감 있는 눈 맞춤, 천천히 말하더라도 목소리는 분명히 하는 것이 말하기의 기본이다.

47
표현은 조리 있게 한다

　이론으로 설명하지 않더라도 사람들은 자연스레 일종의 받아들이는 틀이 있다. 감정적인 의사표현을 받는 사람은 표현자의 의사를 받아들이거나 아니면 역으로 또한 감정적으로 대응할 수도 있다. 의사표현을 쉽게 그리고 무엇보다도 논리 구조에 맞춰 이야기하면 듣는 사람은 그것을 잘 이해할 수 있다. 그리고 쉬운 이해는 공감을 불러일으킬 가능성이 높다. 생각이 달라 인정하지 않더라도 예의를 갖춘 논리적 주장을 존중한다.

　육하원칙에 따른 표현을 우리는 어려서부터 배운다. 매우 당연한 표현 이치이지만, 사람들은 가끔 육하원칙의 중요성을 잊곤 한다. 그러나 타국 언어 등 어순이 다를지라도 결국 핵심은 이 육하원칙 속에 있다. 어순의 그릇된 표현을 하더라도 핵심을 말하겨 반드시 뜻은 전달된다. 개인적으로 육하원칙 중 가장 중요한 것은 무엇을, 왜 하는지, 그리고 어떻게 해결할 것인지가 핵심이다. **즉, what, why, how의 표현이 가장 중요하다.** 무엇이 핵심인지, 그것의 취지(존재 이유)는 무엇인지 명확히 이해한 후 가장 중요한 해결책을 찾는 것 그것이 핵심이다. 일의 해결, 중심을 파악하면 누가, 언제, 어디서 하는지는 사실 부차적인 문제이고 환경의 요인 상 바뀔 수 있다.

48
아닌 것 같으면
빨리 끊어내야 한다

사람이든 일이든 우리는 만나면서 함께 성장한다. 오랜 친구와 교우하면 서로 배우고 발전하는 것처럼 자기 일, 회사 혹은 사업도 나와 같이 발전한다. 삶 속 좋은 사람, 가치 있는 일을 만나는 것은 큰 복이다. 그러나 자신의 선택과 내가 의도치 않은 외부 개입이 항상 옳은 상황을 만드는 것은 아니다. 즉, 살다 보면 나와 맞지 않는 사람, 맞지 않는 옷을 입는 상황이 발생할 수 있다. 먹고사는 문제에 가까워질수록 많은 사람이 피할 수 없으니 그냥 속으로 참는 선택을 한다. 그런데 그것이 꼭 완벽한 해결책은 아닌 듯하다.

자신에게 선택권이 있다면 되도록 빨리 결정해야 한다. 아닌 것 같으면 빨리 끊어내는 것이 정답이 될 수 있다. 나에게 무례한 사람에게 단호한 태도를 인지시키는 것, 적성에 맞지 않는 일을 관두고 빨리 다른 일을 알아보는 것이 자신의 올바른 새출발에 도움이 된다.

때로 매몰비용 때문에 미련이 남아 손에 쥐고 있는 것을 더욱 움켜쥐는 경우가 있다. 그래서 빠른 실행을 권한다. 정리도 충분히 훌륭한 결단이다. 자신의 빈약한 의지력을 자책하는 것이 포기의 전부가 아니다. 오히려 올바른, 빠른 포기는 훌륭한 행동이다. 멀리 길을 가는 사람이 주저할 필요도 없고, 마음을 힘들게 할 이유가 전혀 없다. **손에 땀이 날 정도로 쥐고 있는 것을 펴면 새로운 사람과 악수할 기회도 생기고 반드시 새로운 물건을 다시 쥐게 될 것이다.** 그것은 자신이 선택한 새로운 성공으로 이어진다.

49

언제든
내가 위태로워질 수 있다
과거를 알지 못하면
미래 자신의 위태로움을
대비할 수 없다

손자병법을 보면 지피지기 백전불태, 라는 말이 있다. 즉, 적을 알고 나를 알면 백 번을 싸워도 위태로움이 없다. 손자가 말한 것은 위태로움이 없다는 데 핵심이 있다. 패배하지 않는다는 말이 아니다. 이는 잘못 알려진 것이다. 다만, 위태로움이 없으니 패할 가능성이 작고, 패하더라도 다음을 기약할 수 있다는 뜻에 정수가 있는 듯하다.

경쟁 사회에서 남과 함께 한다는 것은 언제든 승부를 봐야할 때가 있음을 뜻한다. 인정하기 싫어도 그게 이치이다. 본인이 자각하지 못할지라도 내가 지는 순간이 있다. 다만, 알지 못할 뿐이고, 알더라도 대수롭지 않게 여길 뿐이다. 경쟁이 심해지면 언제든 내가 위태로워질 수 있다. 다음 기회를 기약할 수 없을 정도로 타격을 입을 수도 있다. 그래서 항상 알고 준비해야 한다. 과거에 대한 확실한 복기가 없다면 현재를 잘 파악할 수 없다. 과거부터 현재까지의 흐름을 잡아내야 한다. 그 흐름을 잘 타고 있어야 좋은 미래로 연결된다. 예상치 못한 혹은 세상의 흐름을 잘 파악하지 못한다면 언제든 위태로워질 수 있다.

50

훌륭한 선인의
경험과 가르침을 받아들여
자신의 스타일로
재해석해서 실행한다

훌륭한 선인의 경험과 가르침을 받아들여야 한다. 생각을 자신 있게 논리적 혹은 감정에 호소하여 잘 설명하고 설득하는 사람들이 많다. 그러나 훌륭함의 차이는 과거에 이미 많은 사람의 공감을 얻은 내용에서 출발하느냐에 있는 듯하다. 특히 한 분야를 전문적으로 연구하는 학자들을 생각해 보자. 그들은 이미 수백 년, 철학의 경우 수천 년 역사의 흐름을 이미 공부하여 잘 알고 있다. 그리고 그것을 알기 쉽게 단순히 설명할수록 뛰어난 사람으로 칭송받는다. 그리고 그 정리에 더해 자신의 견해를 논리적으로 피력할 때 더 뛰어난 사람으로 여겨진다. 이 차이에 있다. 과거부터 흘러온 것을, 그것이 경험이 되었든 원리 혹은 원칙이 되었든 듣는 사람이 그래도 어느 정도 공부한 사람들이라면 그것을 먼저 듣고 난 후 즉, 공감대를 형성한 후 말하는 사람의 새 의견을 듣고 검증했을 때 그것이 멋지다면 그 말하는 사람을 존중하고 인정한다. 생각건대, 이미 알려진 이론을 필요 없는 과거로 치부할 것이 아니라 그것을 더 잘 이해하고 자기 생각을, 자신의 방식으로 알기 쉽게 설명해야 한다.

이미 지식은 긇이 넘쳐흐르고 있다. 그리고 과학이 발전할수록 새로운 지식은 계속 쏟아져 나올 것이다. 대부분 아직 발견하지 못한 것에 대한 자연의 원리일 수 있고, 때로 발명의 형태를 볼 수 있을 것이다. 지식을 넘어 지혜까지 보고 자신도 그것을 기반으로 지식과 지혜를 사람들에게 보일 수 있어야 한다. 기톤으로 돌아가면 지혜의 경우 가장 오래된 스테디셀러인 성경을 공부하는 것을 추천한다. 많은 사람이 이미 알고 있는 이야기이기에 잘 알아야 한다. 삶의 지혜는 거기서 절대 벗어나지 않는다. 아마 많은 이들이 공감할 것이다. 믿고 안 믿고의 문제는 아니다. 성경이 아니더라도 경전은 절대 나쁜 말은 담지 않고 있다. 사람을 겸손하게 단련시키는 것이 종교라면 성경 역시 그 가르침을 전하는 귀한 말씀임이 틀림없다.

51
누구나 자신의 세를 불리려는 편을 만들어 보호하려는 섭리를 이해하라

　우리나라의 손꼽히는 문필가 이문열 씨가 엮은 삼국지를 보면 이런 글귀가 많이 띈다. ○○○은 □□□과 같은 지역에서 나고 자라 서로 동문수학한 사이였다는, 그리고 유비의 시조는 한나라 황실 유승의 피를 물려받았다는 글귀 등도 눈에 띈다. 사실 알고 보면 이는 모두 혈연, 지연, 학연이다. 이 연줄이라는 게 사실 나쁜 쪽으로 많이 비추어지는 측면도 없지 않아 있지만 결과적으로 삶에 중요한 부분을 차지하는 것도 사실이다. 혈연을 보면 우리 가족, 우리 친척 등을 생각하는 것은 일종의 결속력을 갖게 하고 삶의 이유로 삼아 열심히 생활하는 긍정적 에너지를 일으키기도 한다. 또한, 애향심, 서로 가까운 이웃끼리 서로 친하게 지내며, 특히나 역사적으로 침

략을 많이 받아 우리 자신을 지키려는 눈에 보이지 않는 지역 특성 등을 살펴보면 지연도 그리 나쁜 것은 아니다. 학연은 어떠한가. 예전에는 학풍이라는 게 있었다고 한다. 요즘은 많이 무뎌졌다고 하지만, 설립자의 설립 취지를 받들어 졸업 후 사회에 그와 같은 정신을 널리 전파하겠다는 일종의 사명감도 있었다고 한다. 심지어 대학생이 적었던 시대에는 대학생이라는 타이틀 자체가 특권 아닌 특권, 직업으로 인식된 시절도 있었다고 하지 않은가. 그런 것을 보면 학연, 지연, 혈연 자체가 나쁘다고만은 할 수 없다. 다만, 그것을 악용하여 평등을 저해하고 공정을 해치면 그것이 잘못된 것이다.

무언가 공통점을 가지고 사람들이 모이고 힘을 응집시킨다는 것은 하나의 습성, 패턴이다. 마크 뷰캐넌에 따르면 세포조차도 비슷한 것들은 서로 모이는 패턴을 가진다고 했다. 끼리끼리 모인다는 말도 어찌 보면 같은 습성을 가진 무리를 잘 설명해 주는 말이 아닌가 한다. 이를 보면 무리를 짓는 것은 자연스러운 현상으로 보아야 한다.

자신의 세를 불리기 위해, 혹은 편을 만들어 더 큰 반대 세력에 대항하는 자기 보호적 습성 자체를 생각해 보라. 예를 들어, 일전에 도요토미 히데요시의 조선 침공의 이유로 명나라를 정벌하는 것은 명목상의 이유이고 일본 열도 전국 통일 이후 가신들에게 더 이상 나눠줄 땅이 없어 내부 안정을 위해 외부의 적을 만들었다는 것이 하나의 유력한 학설이기도 하다. 그처럼 하나의 공통된 목적 혹은 습성을 가지고 모이는 것 자체의 예는 쉽게 찾아볼 수 있다.

사실 사람이나 조직이나 어떤 형태의 모임이든 모일수록 힘이 커진다는 것을 사람들은 자연히 알고 있다. 노동조합도 마찬가지이다. 비슷한 업종의 노동조합이 힘을 합쳐 노동조합 총연맹을 만들고 업종 지부를 만드는 것도 비슷한 논리이다. 모일수록 힘이 세지고 그 파급 영향력이 크다는 것을 모두 잘 알고 있다. 말하지 않더라도 이런 현상은 많은 이들이 자연스레 알고 있고 크게 보아 모임 혹은 뭉침의 현상은 다양한 형태로 나온다. 삶에 있어 이 부분을 주의 깊게 먼저 알아야 한다. 삶에 있어 자연스러운 현상 중 하나인 이를 잘 이해하고 선한 결과의 형태로 활용해야 한다.

52

**기술이나 인품이 훌륭하면
사람이 모인다
단, 기술이 없어지면
사람이 없어지나
인품은 죽어서도
사람이 모인다**

낭중지추라는 말처럼 돋보이는 사람은 많은 이들에게 관심을 받는 것이 이치이다. 남보다 더 뛰어난, 비범한 능력, 인품에는 자연스레 많은 사람이 모인다. 사람에게는 군중심리가 있다. 마트에서도 많은 사람이 몰려있고 왁자지껄한 모습이 보이면 FOMO(fear of missing out)의 관점에서라도 일단 달려가 본다. 보통이 아니라는 말처럼 특별한 사람에게는 당연히 눈길이 간다. 그리고 그 대상 자체가 궁금해서, 나도 배워보려는 생각에, 역시 잘되고 싶다는 생각에 관심을 가지는 것이다. 사람들은 자신의 아래를 잘 보지 않는다. 욕심이 있는 사람이라면 당연히 위를 본다.

　훌륭한 기술을 가진 혁신적인 회사, 인품이 뛰어난 선생을 사람들은 주목한다. **세상에서 성공하려면 능력과 인성을 갖추어야 한다.** MBTI 심리에서는 일(능력) 중심인지 사람(관계) 중심인지에 따라 성향을 구분한다. 그리고 회사에서 일반적으로 직원을 채용할 때는 그 사람이 업무를 잘 해낼 수 있는 능력과 더불어 그가 가진 인간성을 본다. 사람들은 이미 잘 알고 있다. 아무리 능력이 뛰어나도 인성이 부족하면 가까이하지 않고, 사람들과의 관계가 원만한데 일을 잘 못 하면 인기가 없다. 그래서 능력과 인성은 두루 겸비해야 한다. 물론 무엇이든 완벽한 사람은 없기에 한쪽이 워낙 부족하지 않다면 긍정적 측면으로 능력이든 인성이든 강점을 갖춘 사람을 가까이한다.

　그런데 재미난 점이 하나 있다. 기술이나 인성이 좋으면 사람이 모이는데 기술이 없어지면 모인 사람도 흩어지나 인품이 좋은 사람을 사람들은 기억한다. 능력이 출중하여 임원에 오른 사람이 나중에 퇴직 후 외로워지는 사람이 있는 반면, 임원은 아니었지만, 동료들과 매우 잘 지낸 사람은 퇴직 후에도 연락하고 회사에 남은 사람들에게 그 이름이 회자된다. 기업도 마찬가지다. 한 시대를 풍미했던 기업도 세상이 알아주지 않는 구시대의 기술로 전락하면 그 기업은 금방 사람들의 뇌리에서 잊혀진다. 그러나 사회에 크게 기여한 훌륭한 경영자의 이름은 후세 사람들에게도 이어진다.

자신의 능력이 출중해서 성공할 수도 있다. 그러나 사람들이 모여지면 그 힘은 당연히 내가 가진 능력보다 더 큰 힘을 발휘할 수 있다. 사람들을 이끄는 매력, 큰 배포 등 어떠한 형태로 그 사람을 돋보이게 만드는 인성은 능력보다 반드시 어떠한 형태로든 큰 성공으로 다가오게 만든다.

제3부
일머리 공부

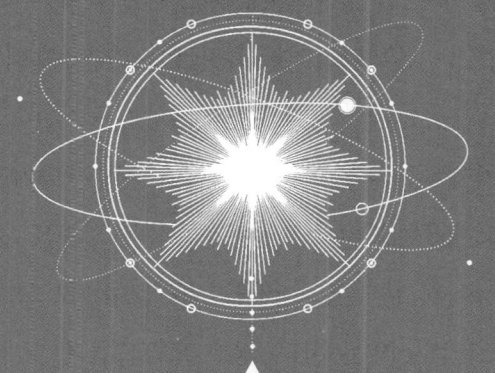

53

사업가 마인드로 일하라

굳이 사업을 하지 않더라도 사업가 마인드는 가져야 한다. 여기서 정의하는 사업가 마인드란 지켜야 할 내지 얻어야 할 것, 내주어야 할 것에 대한 것 등 철저한 이해득실 관계를 따져 선택하여 실행할 줄 알고 그에 대한 책임을 각오하는 것을 의미한다. 개인사업 혹은 법인사업체의 경영자가 되면 기본적으로 자신이 하는 만큼 그 과실을 가져가게 된다. 그런데 직장인의 경우 본인이 몸담은 회사조직과 본인을 철저히 별개의 주체로 인식하는 경우가 있다. 생각건대, 철저한 분리의식은 위험하다. 예를 들어, 회사가 망하면 회사가 망하는 것이지 본인이 당하는 것은 아니라고 생각하며 현실에 안주하려는 태도는 종업원인 본인에게 위험할 수 있다. 쉽게 말해 회사가 망하면 우선 본인도 일자리를 잃게 된다. 반대의 경우, 회사가 잘되고 본인이 능력을 인정받으면 본인도 같이 성장할 수 있다. 이런 마인드로 임해야 한다. 회사가 발전하는데 본인의 승진이나 급여는 그대로일 수 있다. 그러나 낭중지추라는 말처럼 뛰어날 정도로 실력을 갖추면 회사가 내외부 사정으로 보상을 해주지 못하더라도 다른 곳에서 스카우트 할 수도 있다. 또한, 본인이 회사에서 성장시킨 능력을 토대로 새로운 일을 도모할 수도 있다. 일을 열심히 하여 과실이 회사에만 가는 것이 절대 아니다. 기본적으로 그것은 본인에게 먼저 온다. 즉, 일을 열심히 하는 것은 본인을 위한 것이다. 대승적 의미의 사업가적 마인드의 긍정적 발현이다.

54

지금 가장 필요한 것을 먼저 한다
단기, 장기 계획을 세우고 일의 우선순위를 정하고 착실히 행한다

일전에 시험을 준비할 때 일이다. 각종 성공사례, 즉 수기들을 많이 읽어봤는데 과유불급이라고 사례가 너무 다양했다. 그런데 아주 예전에 시험에 합격한 유능한 지인분을 알고 있어 조언을 구했다. 단도직입적으로 문의했다. 어떤 이는 이렇게 이야기하고, 또 어떤 이는 이렇게 이야기한다. 저는 어떻게 해야 할까요, 라는 게 주요 내용이었다. 지금 생각해 보면 질문 자체가 잘못되었다. 그런데 그분은 우문현답을 해주었다.

'지금 가장 필요한 것을 먼저 하라' 이 한마디로 정의해 주었다. 그 한마디 조언은 나의 삶에 큰 도움이 되었다. 그분은 덧붙여 설명했다. 많은 사람의 성공 수기는 다 일리가 있고 옳은 말이다. 다만, 그들의 상황에 한해서 말이다. 다른 사람 각자의 상황에 모두 통용될 수 없다는 게 골자였다. 각자의 처한 상황은 모두 다르다. 그렇다면 스스로 모두 삶의 우선순위 또한 다 다를 것이다. 그럼, 당연히 가장 중요한 일부터 해야 하지 않을까. 인생에 있어 단기, 장기 계획을 반드시 세우고 일의 우선순위를 정하고 그에 따라 차근히 실행해 나가라. 그럼 삶이 완성되는 것을 스스로 느낄 것이다.

한 가지 팁을 주자면 노트에 메모하든, 다이어리에 빼곡히 적든 실제로 적는 게 분명 효과를 본다. 그리고 실제로 말하는 습관도 중요하다. 타인이 듣는 것에 너무 많은 신경을 쓰지 않는 것도 중요하다. 허언이라 해도 상관없다. 실제로 말한 대로 이루면 전에 얕잡아 본 그 사람이 무안해질 뿐이다. 마음먹은 대로 말하는 대로 뭐든 이루어진다고 믿어야 한다. 실제로 대부분 이루어진다.

55

익숙해지는 것
그것이 곧 실력이다
같은 방식에 안주하려고만 하면
그것은 정체이다

공부는 곧 반복이다. 어떤 이는 시험에 주안점을 두어 공부가 요령이라고 하는 사람도 있다. 기술적 측면에서는 그럴 수 있다. 그러나 **기본적으로 공부는 반복 학습이라고 생각한다. 자꾸 반복하여 비슷한 내용, 흐름에 익숙해져 결국 내 것을 만드는 것이 공부의 본질이 아닌가 싶다.**

익숙해지는 것 그것이 바로 실력이다. 비단 공부뿐만 아니라 모든 일이 그렇다. 선천적으로 특출난 재능을 가진 사람들이 있다. 많이 하지 않았는데 남들과 비교해 조금밖에 하지 않았는데 아주 잘하는 사람들이 있다. 소위 천부적 재능, 즉 천재라고 한다. 그러나 천재가 항상 잘되는 것은 아니다. 오히려 부담감을 안고 사는 천재도 많고 그 중 정말 최후에 성공하는 사람들은 그중에서도 소수이다.

오히려 노력하는 사람들, 후천적 재능을 발전시키는 이가 더 성공한다. 구슬도 꿰어야 보배라는 말처럼 매일 매일을 계속 실행하는 사람을 당해낼 재간은 없다. 아무리 천재라도 게으른 천재라면 그것은 노력하여 이룬 천재보다 못하다. 남들 눈치를 볼 필요는 없지만, 일반 다수들도 아마 노력하는 천재를 더 선호한다는 점도 참고했으면 한다. 무엇이든 익숙해져야 한다. 그것이 자신이 좋아하는 일이든, 남들이 좋아하는 일이든, 꼭 필요한 일이든 잘하고 싶으면 더 자연스러워지도록 반복해야 한다. 마치 프로복싱에서 주먹 백여 발을 날리기 위해 백만 번의 펀치를 연습한다는 복서처럼 단순히 반복해야 한다. **목표가 명확해지면 삶은 단순해진다는 말처럼 묵묵히 반복해야 한다.**

주의할 점이 하나 있다. 단순히 반복한다는 것을 현실에 안주하려는 자세로 오해하면 안 된다. 실행할 때 항상 머릿속으로 생각해야 한다. 연습 과정에 더 좋은 방법이 있다면 개량해야 한다. 자신이 변해야 한다. 삶의 모든 일은 1+1 = 2라는 수학 공식처럼 딱 떨어지지 않는다. 계속 더 좋은 방법이 있고 그에 맞춰 반복 과정에서 필요하다면 방법을 수정할 필요도 있다. 똑같은 방법이 영원히 통하리라는 법은 없다. 그 점을 생각한다면 익숙해짐과 더불어 자신은 1+1 = 2+a의 결과를 얻을 것이다.

56

기존 방법에 능한 것을 기본으로 새로움을 끌어내는 창의성이 필요하다

사람을 잘 고르는 때가 있다. 이를테면, 훌륭한 인재로 성장시키는 학교에서든 사람을 채용하는 회사에서 사람을 뽑아야 하는 경우가 있다. 기본교육 과정인 초등학교 인재 양성의 핵심은 창의와 인성이다. 다양하게 볼 수 있어서 새로움을 만들어낼 가능성을 키우는 것과 동시에 인간 됨됨이를 가르치겠다는 것이 취지이다. 이것은 대학까지 이어진다. 물론 수학능력 평가 시험에서 대학에서 가르치는 내용을 이해할 수 있는 능력을 검사하는데 대학에서 요구하는 능력치를 점수로 평가하기는 한다. 그러나 학력이 올라갈수록 이미 만들어진, 남들의 생각만을 알고 따라 하는 것만으로 부족하다.

직업 생활에서도 마찬가지이다. 기본은 선배가 시키는 것을 명확히 이해하고 수행하는 것이다. 그러나 높이 올라갈수록 그 이상이 요구된다. 특히 사기업체에서는 새로운 방법, 다양한 수익화를 위한 방법을 요구한다. 사회에서 특히 회사 조직 생활은 기존의 틀, 형식을 중요시한다. 이미 많이 다듬어진 것이기 때문이다. 복잡해 보이고 필요 없는 것과 같은 형식도 사실 필요에 의해 시스템화된 것이다. 그것을 먼저 이해해야 한다. 즉, 기존 방법적인 측면에 대한 이해와 그에 잘 따르는 것이 중요하다. 개인의 생각을 처음부터 발현하고자 하는 마음을 참지 못하는 사람은 조직 생활과 어울리지 않는다. 이는 일종의 법을 무시하고 자신의 철학만을 고집하는 것과 같다. 기존 체계 내에서 인정받을 때까지 일종의 적응, 인내해야 한다. 이후 **기존 방식에 더해 새로운 것을 창조하는 능력이 요구된다. 잘하는 사람과 최고인 사람의 차이를 가르는 기준이 이것이다.** 마치 A 평가를 넘어 플러스 그리고 그 이상을 받는 사람은 결국 창의적인 사람이다. 이것이 곧 사회에서 말하는 능력이다. 그리고 이에 더해 어릴 적부터 훈련된 기본 인성이 더해져야 한다. 타인으로부터 평가를 받을 때 능력과 인성의 요소를 본다. 비교 상대적이든 절대적이든 둘 다 뛰어난 사람이 훌륭한 사람이 된다.

57
편견이 없어야 기발한 창조가 나오고 그것을 발전시킬 수 있다

공부라는 것은 기존에 나왔던 것 중 잘 정리된 것들 혹은 사례들을 배우는 건지도 모르겠다. 그런데 이런 단순한 지식을 쌓는 것을 넘어 결국에는 자기 것을 하듯 새로운 생각을 할 수 있어야 한다. 인간은 기계 혹은 컴퓨터가 아니다. 오히려 사칙연산 등 단순 계산은 컴퓨터를 절대 따라갈 수 없다. 앞으로 AI 시대가 생각보다 빨리 도래할수록 인간만이 할 수 있는 창의적인 일을 해낼 수 있어야 한다. 새로운 방식, 기존에 없었던 것, 오히려 기존의 통념을 깨버리는 새로운 아이디어를 낼 수 있어야 한다.

책상 공부만 오래 한 사람은 지식광이 될 수는 있다. 그러나 그 지식광이 창의력광으로 이어질지 확신할 수 없다. 기존의 패턴, 습성을 총체적으로 파악하여 새로운 것을 내보일지도 모르겠다. 그러나 책상 공부만 오래 한 이론가는 기존의 편견에 사로잡힐 가능성도 크다. '기존 연구 결과에 따르면, 모두가 인정하는 이론에 따르면,' 이라는 말을 하며 새로운 현상에 관해서는 설명을 하지 못할 수도 있다. 그런데 책상 공부만 공부의 전부는 아니다. 다양한 경험을 하고 실제로 실행한 실험 결과가 이론 공부와 합쳐지면 그것이 곧 공부의 완성체가 아닐까 한다. 그리고 자꾸 역으로 기존에 배웠던 것을 버릴 줄 아는 용기를 가질 때, **즉 편견을 버릴 수 있는 능력이 있으면 기발한 창조가 나올 수 있고 이를 발전시킬 수 있다.**

애초 중국은 급격한 성장을 이룰 때 기존 시스템에 대한 편견이 없었다. 그래서 역설적으로 더 발전할 수 있었다. 주위에 자본주의를 필두로 한 성공모델은 많았다. 가깝게는 한국, 일본이 있었고, 멀게는 반대편의 미국이 있었다. 사회주의 경제를 일부 버리면서 자존심 때문이었는지 중국 자체, 중국식 경제 모델을 택해 오히려 지금은 중국이 경제 대국 일본을 넘어섰고 미국에 견줄만할 정도의 대국이 되었다. 중국은 국민이 가진, 민족 정체성에서 파생된 자부심이 깊어 더 성공한 건지도 모른다. 그것이 기존 성공 사례, 편견 없이 해서 성공할 수 있다는 자신감을 낳았는지도 모르겠다. 하나의 현상을 보라. 시작은 늦었지만, 인터넷의 발달 규모, 속도는 한·중·일 중 가히 1등인 분야가 있다. QR 코드를 활용한 결제, 페이 서비스 등 젊은 세대들의 전자 결제는 중국이 가장 발전한 것으로 보인다. 비대면 주문 사용률이 한·중·일 세 나라 중 1등은 물론이고 세계적으로 최고 수준으로 알고 있다. 한·중·일만 놓고 보자면 그와 같은 신기술 활용률은 중국이 1등, 한국은 중간 단계, 일본은 페이 서비스는 존재하나 아직도 뿌리 깊은 현금 사용사회 예컨대, 가정마다 금고를 사용하는 등 꼴찌 단계로 보인다. 물론 일본은 한 번 망해본 사례가 있고 불안한 노령인구가 많아 집에 금고를 두고 현금을 쓰지 않고 비축하는 문화가 있는 것으로 안다. 그런데 크게 보면 이도 일종의 편견으로 볼 수 있지 않을까 생각한다. 불안감에서 비롯된 과거부터 이어져 온 익숙함, 새로운 것을 찾는 젊은 층의 활기 부족 등이 원인이 아닐까 싶다. 이처럼 편견이 없는, 새로운 것을 만들어 낼 수 있는 젊은 도전 정신 등은 중요하다. 삶을 살아가는데 이를 꼭 명심했으면 한다. 젊었을 때는 직접 해보고 부득이 추후 나이가 들어 물리적으로는 부족할지라도 정신은 젊어야 하고 실제 행동은 젊은 층을 지지하거나 지원하는 형태로라도 창의적 발전을 이뤄야 한다.

58

필요한 일인데
하기 싫은 일이 있을 수 있다
그런 일은
하기 싫을수록
더 해야 성공한다

출세한 사람들의 공통적인 특징이 있다. 먼저 어떤 이는 피할 수 없다면 즐겨라, 노력하는 자는 즐기는 자를 이기는 자를 이길 수 없다고 한다. 맞는 말이다. 그러나 그것은 매우 초절정의 단계이고 극히 소수라고 생각한다. 오히려 전 농구선수 서장훈이 고백했듯 피나는 노력이 더 값진 결과를 낳을 수 있다고 본다. 그는 이렇게 말했다.

"나는 한 번도 농구를 즐겨본 적이 없다. 매번 한 게임, 한 게임을 이기기 위해 정말 죽기 살기로 열심히 뛰었다."

이를 보면 단순히 즐기는 것을 찾거나 자신이 하는 일을 즐기려고 하기보다 오히려 부단한 노력을 기울이는 게 더 맞는 것이 아닌가 싶다. 인정해야 한다. 세상에 쉬운 일은 없다. 세상을 살다 보면 꼭 필요한 일이 있다. 자기 자신을 그리고 가족의 생계를 책임지기 위해 경제활동을 해야 할 때도 있을 것이고 일을 할 때 자신이 조직에서 맡은 부분을 착실히 수행해야 할 때가 있다. 자기 생각과 다르다고 하기 싫을 때가 분명히 있을 것이다. 어쩌면 반복되고 재미없는 현실에서 도피하고 싶을 때도 있을 것이다. 그러나 그것이 필요한 일이라고 생각되면 그것은 하기 싫을수록 더해야 한다. 오히려 그 일에 더 익숙해져야 하고 그 일을 온전히 네 것으로 만들어야 한다.

단순한 자기만족은 취미에 불과할 수 있다. 그러나 남으로부터 받는 인정은 곧 너의 실력이고 너의 성공에 대한 보장이나 다른 바 없다. 고통을 오히려 즐기며 자기 파괴적으로 나갈 필요까지는 없겠지만, 고통은 확실히 너를 더 강하게 만드는, 내성을 키운다는 생각으로 더 익숙해졌으면 한다.

59

**언제나 잘할 수는 없다
때로는 휴식도 필요하다
그리고 모든 것을 잘할 수는 없다
잘하는 일에 집중하라**

모든 일을 잘하고 싶은 욕심이 있었다. 어렸을 때 운동도, 공부도, 사회에 나와서는 일도 그랬다. 그런데 언제나 1등만 하지는 못했다. 포기하거나 때론 체념했다, 라는 말을 하고 싶은 것이 아니다. 누구든 언제나 무슨 일이든 다 잘할 수는 없다. 이 세상에 장점만 가진 사람은 없고 결점 없는 사람도 없다. 선천적 재능, 후천적 노력에 대한 학계 논란은 오래전부터 있었다. 개인적으로 재능과 노력은 서로 융합해서 상황에 맞게 적용해야 한다고 생각한다. 자칫 한 쪽에 치우친 재능 우월주의, 노력 우대주의에 빠질 필요는 없다. 경험에 비추어보면 예술 쪽은 선천적 재능이 조금 더 빛나는 것 같기는 하고 흔히 말하는 공부는 노력이 조금 더 빛나는 것 같기는 하다. 그러나 실제 무엇이든 실제 행하지 않으면, 빛을 보지 못하면 묻히는 것은 매한가지이다. 자신의 재능이 무엇이든 어느 분야에 노력했든 결과가 자신이 원하는 결과에 이르지 못할 때가 분명히 있을 것이다. 그러나 그것은 너의 잘못이 절대 아니다. 이때는 결과를 인정하고 과정 즉 경험을, 다음을 위해서라도 잘 간직해야 한다. 그래야 더 나아질 수 있다.

그리고 잘하는 일도 매번 잘할 수는 없다. 자신의 욕심 혹은 타인의 기대에 따른 부담감에 일을 그르칠 때도 있을 것이다. 원숭이도 나무에서 떨어질 때가 있다는 말처럼 흔한 일도 실수는 있을 수 있다. 당연하다. 매번 잘할 것이라는 부담감에서 우선 벗어나야 하고 오히려 오래 잘하고 싶으면 정기적이고 의무적으로라도 휴식을 취해야 한다. 괜히 refresh 개념이 있는 게 아니다. 몸도 마음도 잠깐 쉬어줘야 감각을 유지한다.

살면서 많은 일을 맡아야 할 것이고 많은 일에 도전하게 될 것이다. 일터에서 그렇고 가정에서 그리고 지역에서 사회에서 그밖에 많은 위치에서 맡은 요청이 있을 것이다. 모든 것을 잘할 수는 없다. 중요한 일은 특히 가정에서의 역할 등은 꼭 놓치지 않아야 한다. 이것은 잘하는 개념과는 다른 문제이다. 이외 순수하게 일(work)과 관련된 부분에서 보면 모든 분야에서 잘할 수는 없다. 작은 조언을 하자면 많은 것을 조금씩 하는 generalist보다 잘하는 일에 집중하는 specialist가 되기를 추천한다. 제너럴리스트는 세상에 많지만, 전문가는 적기 때문이다.

60
항상 성공할 수도 없기에 묵묵히 나가면 된다

최선을 다함에는 두 가지 의미가 있다고 생각한다. 무엇보다도 그것은 자기만족이다. 원하는 목표에 다다르지 못하더라도 자기 한계치까지 올라갔다면 체념할지언정 포기한 것은 아니다. 이것은 상당히 중요하다. 다음 기회에, 다른 기회에 다시 무언가를 만났을 때 그때 더 잘 싸울 수 있고 해낼 수 있다. 그리고 두 번째, 타인에게 인정받을 수 있다. 좋은 결과를 냈다면 그것 자체만으로 인정받을 수 있고, 결과에 상관없이 과정에 있어 귀감을 살 수 있다. 금메달도 박수받을 수 있지만, 끝까지 포기하지 않고 경기를 마친 꼴등도 충분히 박수받을 수 있다. 최선을 다한다는 것은 매일 완벽함을 추구하는 것은 아니다. 매일 최선을 다한다는 것은 더 나아진 모습의 의미이지, 절대 완벽해지기 위함은 아니다.

각자의 길은 모두의 것이 아니다. 개인마다 자신의 길이 다르다. 그리고 그 길에서 항상 성공을 거둘 수 없다. 즉, 누구도 완벽하지 않다. 큰 부를 이뤘다고 해서 모든 것을 가진 것은 아니다. 또 한 분야에서 큰 명예를 얻었다고 해서 모든 부분에서 완벽하다고 말할 수 있는 것도 아니다. 또한, 이룩한 일종의 성공이 영원토록 이어지는 것도 절대 아니다. 도쿠가와 이에야스는 인생이 먼 길을 가는 것과 같다면 굳이 서두를 필요가 없다는 우언을 남겼다. 도쿠가와 이에야스는 일본 전국시대를 제패한 도요토미 히데요시 가문을 넘어 자신의 시대를 만든 것으로 알려져 있다. 그러나 실제 도쿠가와 이에야스의 초년에는 적국의 볼모로 가는 수모를 겪기도 했고, 다케다 신겐과의 전투에서는 죽을 위기를 겪기도 했다. 산전수전을 다 겪은 그가 남긴 유언처럼 여유를 가지고 묵묵히 자기 길을 걷는다면, 그 길을 가다가 혹 잘못된 길이라 생각이 된다면, 서둘러 간 것보다 오히려 자신이 믿는 제대로 된 길로 더 빨리 돌아가지 않을까 생각해 본다.

61

내가 좋아하는 일보다 남들이 좋아하는 일을 잘하는 게 성공에 더 가깝다

　자신이 무엇을 잘하는지 그리고 무엇을 할 때 즐거운지를 잘 알 수 있다면 그 자체만으로 일단 행운이다. 아니면 스스로 그것을 못 찾더라도 자신의 재능, 즐거움을 알아봐 줄 누군가를 알고 있더라도 마찬가지이다. 그리고 자신이 잘하는 일인데 그 일이 즐겁기까지 하다면 그것은 더할 나위 없이 좋다.

　그런데 성공, 특히 경제적 측면에서는 별개의 문제이다. 성공한 사람들에게 그 비결을 물어보면 하나같이 '자신의 열정을 따르세요, 자신이 좋아하는 일을 하세요, 자신이 즐기는 일을 하세요,' 라고 말한다. 그러면 반드시 성공한다고 말한다. 나는 이 말이 반만 맞다고 생각한다. 결과적으로 성공한 분들이 말씀하셨기에 맞는 말이라고 무조건 무비판적으로 받아들이면 위험하다. 모두가 성공해야 하는데 현실은 그렇지 않다. 모두가 잘 알고 있다. 잘하는 일, 즐거운 일은 성공할 수도 있고 실패할 수도 있다, 이게 가장 정확한 말이다. 잘하는 일 그리고 즐거운 일은 그저 자기만족의 취미로 남을 수 있다.

냉정하게 이야기하면, 내가 좋아하는 일보다 남들이 좋아하는 일을 잘하는 게 경제적 성공에 더 가깝다. 결국, 남들의 수요를 충족시켜 줘야 경제적 성공을 이룰 수 있다. 좀 더 쉽게 생각해 보면, 돈을 버는 직장인들 대부분이 설문조사를 해 보면 자기가 원하는 일을 하고 있지 않다고 답하는 경우가 절반 이상이라고 하는 점을 봐도 알 수 있다. 급여를 받는 프로 직장인들조차 남들이 원하는 수요를 충족시켜 주는 대가로 돈을 받는 점을 빨리 눈치채라.

62
남을 대신해 주는 일 내가 아니면 대체 불가능한 일을 한다

세상이 복잡해질수록 구조는 다양해진다. 직원을 아무리 늘려도 절대 편해지지 않는다는 명언처럼 사람이 늘어나도 그만큼 일은 더 늘어나게 마련이다. 구조는 계속 복잡해지고 더 잘하려는 심리가 겹치는 듯 정교해지면서도 새로운 사항이 추가된다. 그 복잡함 속에서 일정의 관리 가능한 범위 내에서 하기 싫은 힘든 일, 위험한 일, 더러운 일 등 속칭 3D를 남에게 위임하고자 하는 세태가 확장되는 듯 보인다. 그리고 노동을 보호하는 사회 변화, 직접 고용을 장려하는 분위기 등 사회 변화로 단순한 일에 대한 위탁 수요가 늘어남이 보인다. 바꿔 말하면 남을 '대신해 주는 일'의 범위에서 기회를 찾을 수 있다.

예컨대 건물의 청소를 해주는 일, 사람의 손이 직접 필요한 업, 위험하지만 기계가 대체하지 못하는 영역 등에 있어 일정 부분 비용을 지불하고서라도 위탁을 맡기는 경우가 있다. 이것을 전문적으로 해결할수록 기회를 잡을 수 있다. 본인이 직접 하는 것은 말할 것도 없고, 재위임을 통한 관리, 기계 등 시스템적 해결을 한다면 그것이 곧 사업 기회가 된다. 대단지 아파트를 건설할 때 그 일감의 책임사인 시공사의 경우 시공회사 본사 직원이 그 현장에 몇 명이나 있을까. 실제 현장에서 일하는 사람들은 재하청의 재하청 소속 인부라고 보면 된다.

나아가 남을 대신해 주는 일에 있어 경쟁자가 적을수록 내가 아니면 대체 불가능할 정도로 큰 실력과 힘을 가질수록 더 위대해질 수 있다. 남들이 많이 필요로 하는데 아무도 하지 않는 일을 찾아보라, 라고 말한 메타 CEO 마크 저커버그의 말처럼 그런 일을 찾도록 노력해야 한다.

63

나 스스로 판단하고
직접 실행하고
그에 대한 책임을 진다
그리고 그 책임에
합당한 보상을 받는다

　중요한 결정에 있어 다른 사람들의 의견을 참고할 수 있다. 그러나 실제 결정을 내리고 그에 대한 책임을 지는 것은 자기 자신이다. 또한, 다른 사람들에게 부탁하거나 지시하여 일을 도모할 수 있다. 그러나 그 일에 대해 본인이 가장 잘 알고 있어야 한다. 큰 그림을 그릴 줄 알고 세부 절차에 대해 명확히 알수록 위임도 더 잘할 수 있다. 직접 실행하고 확인하는 것이 가장 좋고 범위가 늘어나면 그때 비로소 관리할 수 있는 시스템을 구축한다. 자신이 관여한 바가 크면, 즉 직접 본인이 모두 실행하거나 아니면 시스템을 구축하여 성실한 관리자의 역할을 잘하여 간접적이지만 큰 힘을 발휘한다면 그에 대한 책임도 지지만, 그 책임에 비례하여 큰 보상을 받을 수 있다. 언제나 하는 만큼 되돌아오는 법이다. 기억해야 할 것은 적게 하면 그만큼 적게 받는 것과 더불어 오히려 예상치 못한 마이너스 효과가 시너지의 반대처럼 더 다가올 수 있다는 점도 명심해야 한다. 당연히 기본적으로 해야 할 일을 간과할 때 특히 그렇다.

64

의사결정 문제 해결력으로 본인의 진가를 인정받을 수 있다

리더십은 의사결정의 유무이다. 적시에 적절한 의사결정이 있는 사람이 훌륭한 리더가 될 수 있다. 간혹 잘못된 결정을 내려도 좋다. 가장 나쁜 리더는 의사결정을 하지 않고 고심만 하여 부하들을 혼란스럽게 하는 사람이다.

의사결정에서 더 나아가 상황을 잘 파악하고 그것을 잘 풀어나가는, 즉 문제 해결력이 출중한 사람이 뛰어난 지도자가 된다. 무엇이 문제이고 왜 그러한지를 잘 파악하는 능력을 바탕으로 그것을 어떻게 잘 해결할지 방향을 설정하고 실행하는 자가 되어야 한다. 그게 바로 실력이다. 실력이 뛰어나다는 것은 단순히 분석을 잘하는 사람만을 뜻하지 않는다. 그 사람은 훌륭한 책사일 뿐이다. 결정권을 가진 리더는 절대 아니다. 나의 천재적인 단독 의견이 아니어도 좋다. 남의 의견일지라도 그것을 경청하여 합리적인 결정을 내리고 직접 행동을 하거나 간접적으로 명확한 지시를 내리는 것으로 충분하다. 시간이 흐르고 많은 이들이 선배 리더를 기억할 때 그때 상황에서 그 사람이 내렸던 결정이 적절했고 그래서 어떤 효과가 있었는지 그 실력을 기억할 때가 많다. 그것을 잘 기억해 내고 자신만의 스타일대로 응용하여 실전에 사용하는 이는 대를 물려받은 후배 리더로 성장할 수 있다. 보고 듣고 배우고 실행하는 것을 쌓을수록 좋은 리더가 되는 법을 훈련하는 셈이다.

65

여유로운 사람이 실수가 적다 미리 준비하고 급해도 차분히 행한다

심각한 상황에서도 의연한 사람들이 있다. 그리고 평소 많이 웃고 격려를 즐기는 이들이 있다. 이 사람들의 공통점은 여유가 있는 사람이다. 우선 본성적으로 차분한 사람일 수 있다. 타고난 것도 그 사람이 가진 큰 능력이다. 그리고 마음 속 이미 머리구조 회전이 빨라서 큰 그림과 그것을 이루는 세밀한 부분을 미리 채울 수 있는 사람도 있다. 대개 이런 사람들은 미리 해본 경험이 많고 특정 문제에 대해 예견하고 미리 준비한 사람이다. 즉, 타고나지 않아도 좋다. 먼저 준비하고 급한 상황일수록 차분히 행한다면 그것이 완벽으로 이를 수 있다. 차분히 행하면 실수도 더 적다. 빨리 실행하고 다시 돌아가 여러 번 검토해서 완벽히 할 수 있다는 반론을 제기할 수도 있다. 그러나 천천히 구워삶는 사람은 다른 사람의 마음도 더 움직인다. 급한 사람은 불안해 보이고 그것이 다른 사람도 그렇게 만드는 경향이 있다는 점을 명심하자.

제4부
삶의 과정

66

공부는
평생 하는 것이다

나는 자랄 때 공부하라는 말을 많이 듣고 자랐다. 그리고 덧붙여 나의 부모님, 조부모는 공부도 다 때가 있다고 했다. 지나 보니 맞는 말씀이었다. 그때를 놓치고 나중에 하기에는 시간과 노력이 더 많이 들기 때문에 진중하게 해 놓는 것이 가장 효율적임을 나중에나마 깨달았다. 그러므로 학생일 때는 학생 정규과정에 맞는 학교 교육 수강에 힘써야 한다.

덧붙여 공브는 평생 해야 한다는 사실을 꼭 말해주고 싶다. 자신이 배웠던 지식이 시간이 지나면 종류에 따라 더 이상 시대에 적용되지 않는 낡은 지식이 될 수도 있다. 컴퓨터도 업그레이드 혹은 업데이트가 필요하듯 지식도 계속 리뉴얼이 되어야 한다. 그럼, 지식을 무한정으로 쌓아야 살아남느냐? 걱정하지 마라. 지식도 쌓다 보면 나름대로 훈련이 되어서 일종의 요령이 생긴다. 그리고 지식 쌓기 훈련을 넘어서 최종적으로 '지혜를 쌓는' 수준에 이르면 평생 너에게 도움이 될 것이다.

비단 학교 공부만이 공부의 전부가 아니다. 심지어 친구를 사귀는 것부터 밖에서 사람들과 관계를 맺고 생활하는 것조차 모두 공부가 될 수 있다. 온전한 마음가짐으로 삶을 살아가면, 혼자가 아니라 누군가와 함께 살아간다면 모든 것이 공부가 될 수 있을 것이다. 그리고 그것이 삶의 지혜를 쌓는 공부가 될 것이다. 어떤 사람은 죽을 때 많은 사람이 찾아와주고 죽어서도 그 사람을 그리워한다. 반면에 어떤 이는 살아있을 때는 추앙하다가 죽기 전 나락에 빠지는 때도 있다. 아마도 그 사람의 운으로 전부 치부한다기보다 그 사람의 공부가 덜된 것은 아닌가 하는 생각도 해본다.

67

자기 자신을 항상 갈고 닦으라
공부든 경험이든 그것이 가장 큰 투자이다

내가 20대 때는 투자 바람이 불었다. 특히 청년 주식투자 바람이 불었다. 아마도 네 때에도 그런 바람을 누군가 일으킬 것이다. 마케팅은 날이 갈수록 고도화되고 있고 그게 없으면 증권가의 한 축은 돌아가지 않을 테니 말이다. 지인 중 당시 어린 나이에 증권으로 또래 중 꽤 많은 돈을 번 사람이 있었다. 처음에는 수업시간에 지장을 주지 않는 범위 내에서 한다고 하고 또 나중에 직업도 그쪽 계통으로 간다고 하기에 자기 적성을 찾는 것도 같아 내심 부러웠었다. 그런데 결론적으로 그 사람은 욕심을 열정으로 착각하고 따라갔었던 듯하다. 그 때 당시 학생이 가질 수 있는 돈 천만 원은 상당히 큰돈이었다. 학교 등록금과 생활비 등 1년 치는 확보될 만한 액수였다. 그런 돈을 지인이 벌었다는 소문이 돌았다.

그렇게 시간이 흘러 몇 년이 지났다. 그 사람은 실제 증권회사 직원이 되었다. 물론 나도 취업을 해서 일을 했다. 나중에 동창회를 통해 소식을 들었다. 그 사람은 나보다 1년 더 늦게 취업을 했다. 취업 시장이 어렵기도 했지만, 그보다 주식투자에 빠져있는 동안 우여곡절이 있었던 것 같았다. 처음에는 승승장구 잘되는 듯 보였던 단기투자가 늘 그렇듯 벌 때도 있지만 잃을 때도 있었다. 그러다 보니 더 신경을 쓰게 되고 학업에 소홀하게 되고, 휴학하고, 그러다 보니 여차여차 취업이 늦었다는 것이다. 나중에 와서 보니 그냥 돈 액수로만 보면 먼저 취업한 내가 더 나아 보였다. 학생 때는 큰돈을 만지는 그 친구가 그렇게 부러워 보였는데 나중에 보니 또 안 그랬다.

지나고 보니 보이고 깨달았다. 그때 차라리 자격증 공부, 취업 공부 등 자기 계발을 더 한 게 잘한 것이었다고 말이다. 운도 사실 따라 준 것도 있다. 주식투자 자체를 할 줄 몰랐고 큰 관심이 사실 없었다. 그래서 다른 곳을 쳐다보지 않고 걸어왔더니 나중에 보니 더 빨리 뛴 사람보다 더 먼저 와 있었다. 누구 말마따나 돈만 좇고 만약 그때 공부를 하지 않고 주식에 빠졌으면 어땠을까. 아마도 나도 그 사람과 비슷했거나 더 나쁜 상황에 부딪히지 않았을까 생각해 본다.

68

잘되는 예를 배우고 행한다 종국에는 자기 것 자기 스타일로 행한다

네 증조부고 세대는 흔히 당신의 세대를 가리켜 왜정시대(일제강점기)라고 했다. 그런데 패망한 국가가 역사의 아이러니처럼 우리브다 더 잘 살았고 우리는 그런 일본을 따라잡는 구조로 발전을 했다. 즉, 우리 대한민국은 일본을 철저히 성공모델로 삼아 발전을 이루었다. 그리고 네 조부모 세대는 미국 추종 세대였다. 그러니까 내 부모(네 조부모 세대)는 한국에 뿌리내린 각종 미국 문화- 어쩌면 현재까지도 큰 영향을 끼치고 있는 -안에서 살았고 많은 부분 그것을 동경했다. 실제 가장 선진국으로 추앙받는 미국으로 유학 및 이민을 가기도 한다.

2000년대부터 중국이 세계 경제에서 큰 비중을 차지하기 시작했다. 그 당시에는 우리나라 대미 수출량이 거의 절반 이상을 차지하고 그래서 미국이 가장 중요한 국가였다. 그런데 어느새 대중 수출량이 대미 수출량에 맞먹는 오히려 그것을 능가하는 양이 돼버렸다. 중국은 우리가 무시할 수 없는, 아니 우리가 극진히 대접해야 할 우리의 전략적 파트너가 되어버렸다. 네 세대에는 중국과 인도를 배워야 할 것이다. 잘되는 국가, 차기 미국과 대등한 위치를 지닐 발전 국가를 배워야 기회가 생길 것이다. 그들의 문화, 역사, 경제 시스템 등 일체를 배우고 이해해야 한다.

아마도 시대가 또 변한다면 중국, 인도에 이어 다른 국가 등을 배워야 할지도 모른다. 세상은 계속 변하기 때문에 너도 변해야 한다. 공부는 평생 해야 한다고 말했듯 너도 계속 변화해야 한다. 즉, 끊임없는 공부를 통해 유연성을 발휘해야 한다. 남을 배워야 한다고 했다. 그런데 남을 배운다는 것이 남을 따라만 한다는 뜻은 아니다. 남을 따라 한다는 것은 결국 아무리 잘해도 최종 2등밖에 되지 않는다고 생각한다. 왜냐하면, 아무리 잘해도 그것은 본래 자기 것이 아니기 때문이다. 일본인이 만든 기무치가 김치가 될 수 없는 이치이다. 결국, 종국에는 여러 좋은 주체로부터 이치를 배워와 자기 것을 만들어야 한다. 자기 스타일을 만들어야 한다.

어떤 연예인이 한류라는 말이 싫다고 당당히 외쳤다. 한창 한국의 연예인이 세계에서 주목받고 언론에서 한류를 외치고 있을 때 나온 반향이었다. 아마도 그의 의도는 글로벌화에 성공한 것이지 한국적인 것이 아니라는 취지였던 것으로 해석하고 싶다. 어쨌든 우리나라에서 시작된 연예 문화가 세계에서 주목받았다는 것에 의의가 있는 것이지 한류이든 아니든 상관은 없다. 편의상 '한류'가 단순히 외국 문화를 단순히 따라 한 것 같지는 않다. 음악 장르의 파생, 시작이 미국 등 외국인지 몰라도 K-pop 가사도 우리나라 말이고 우리 자체 스타일인 점은 분명하다. 이런 예처럼 자기 스타일을 만들어야 통할 수 있다. 그냥 남의 시스템 아래에서 잘 따라 하는 2등을 노리는 것보다 내 스타일대로 주도하는 1등이 되어보라.

69

듣는 만큼 듣고 보는 만큼 보이고 하는 만큼 더 느끼고 배울 수 있다

나는 정해진 교육을 받았다. 즉, 내가 주도하여 배운 것은 아니고 나의 부모, 즉 네 조부모의 계획에 따라 교육을 받았다. 당시 유행하던 교육, 학원에 다니고, 때론 과외도 받고 자랐다. 어찌 보면 너도 나와 네 어머니의 의지대로 교육을 받는 것은 동일한 것 같다. 그런데 남들이 하는 것은 무조건 배척할 것도 아니지만, 그 트렌드를 따름과 동시에 새로운 것을 부가적으로 가르쳐주고 싶은 생각이 있었다.

하루는 잠자리에 드는데 나도 모르게 네가 참 고맙다고 말했다. 네 엄마가 이 말에 놀랐다.

"고맙다. 네가 있어 아빠도 같이 성장하고 있다."

맞다. 너오- 함께 살며 때로는 가르쳐 주고 그로부터 다시 배우며 나도 성장하고 있다는 것을 느꼈다. 이 느낌과 함께 새로운 사실도 깨달았다.

성장은 곧 경험이다. 많은 경험이 필요하다는 것을 깨달았다. 생각해 보니 책을 많이 읽어야 한다는 것, 실제로 운동도 많이 해봐야 잘한다는 것 등 수많은 직간접 경험은 네게 큰 배움이 된다. 많이 들어보면 그만큼 더 들을 수 있고, 보는 만큼 더 보이고, 그리고 하는 만큼 더 느끼고 배울 수 있다. 이것을 가르쳐주고 싶다. 그래서 실제 해보고 좋아하는 것 혹은 잘하는 것을 발견하면 그것을 원래 생각한 대로 반복하여 익숙해지고 자기 것으로 만들어주고 싶다.

예전에 무엇인가 선택을 할 때 한 번 봤을 때 그것은 필요 없어, 라고 단정 지으며 경험해 보지 않은 것이 있다. 그러나 좀 더 긍정적으로 생각하기로 했다. 경험은 무엇이든 좋을 수 있다고 생각하니 새로운 것에 더 도전할 수 있을 것 같다. 새로운 것을 겁내지 않을 것 같고 오히려 그것을 더 즐길 수 있을 것 같다. 그 일에 내가 부모로서 함께 하고 싶다. 그게 바로 내게도 도움이 됨을 믿는다. 같이 커나갈 수 있다는 것, 그 경험을 같이 공유한다는 것에 매우 기쁘다.

70

모르는 것은 게으름의 결과이고 앎에도 행동하지 않으면 더 큰 게으름이다

여유와 게으름은 다르다. 두 개념의 차이는 준비성에 있다. 준비된 자는 여유롭게 행동한다. 머리와 마음속에 계획이 있다. 그러나 게으른 사람은 계획이 없다. 임기응변에 뛰어난 사람이라도 운이 완전히 따르지 않는 이상 보통 이상은 해도 최고가 될 수 없다.

아는 것이 힘이라는 말처럼 많은 것을 알고 준비해야 한다. 모르는 것은 게으름의 결과이다. 게으름이 커지면 자신을 제대로 볼 수 없다. 자신이 언제, 어디서, 무엇을 하고 있는지 모르고 왜 이런 상황인지 어떻게 해야 할지 당연히 모를 수밖에 없다. 거울 없이 산다고 생각해 보자. 남들이 오히려 나를 잘

아는데 나는 나 자신을 모른다면 그보다 더 슬픈 상황이 있을 수 있을까. 운이 좋아 곁에 둔 사람이 직언으로 알려준다고 해도 잘 모르던 깨닫고 움직이기조차 어렵다.

잘 안 후에는 당연히 변화해야 한다. 실제 움직이고 바른길로 나아가야 한다. 앎에도 행동하지 않으면 그것은 더 큰 게으름이다. 사람들은 잘 알고 있다. 말만 하는 사람인지 실천으로 보여줘서 믿음을 줄 수 있는 사람인지 각자 판단한다. 자신도 남을 바라보듯 내 주위는 나를 바라본다. 이 점을 기억하고 게으름에 빠지지 않도록 항상 앎에 힘쓰고 적극적인 행동으로 매일 새롭게 살아야 한다.

71

행동이 답이다
쓰지 않는 지식은
머리만 아프게 한다

나는 기억력이 좋은 편이라고 믿었다. 그런데 어느 순간 잊어버리면서 자신을 의심했다. 그리고 잊어버리지 않으려고, 어쩌면 마음의 짐을 덜기 위해 메모하는 습관을 지니기 시작했다. 그런데 문제는 그 실행 리스트가 잘 지워지지 않았다.

어찌나 마음이 찝찝하던지, 머릿속이 너무 복잡해졌다. 그런데 반복이 되니 역시 해결책은 다시 단순함에서 풀렸다. 조그만 것 놓치지 않으려 세심히 했던 메모를 큰 숲을 보듯 크게 내용을 정리했다. 그리고 불필요한 것들, 반복되는 내용은 다 삭제했다. 그러니 정리가 잘되었고 바로 실행에 옮길 수 있었다.

실행에 옮기니 실제로 삶에 직접적인 변화가 왔다. 원하는 것을 얻을 수 있었고, 계획했던 것을 다는 아니어도 어느 정도 이룰 수 있었다. 그때 깨달았다. 메모도 중요하지만, 실행이 중요하다는 것을 알았다. 역으로 다시 메모하는 습관을 재정립했다. 실행이 답이라는 원칙 아래에 꼭 해야 할 일, 새겨야 할 마음가짐을 우선으로 적었다. 꼭 해야 할 일은 간단하게 적고, 중장기적으로 해야 할 것들은 계획에 맞게 언제까지, 어떻게, 왜 해야 하는지 정리했다. 그러니 일종의 계획적인 삶이 완성되었다. 정확히 짜인 시간표 같은 삶처럼 보일지라도 오히려 그게 편하다. 적어놓고 머리만 아프게 한, 쓰지 않은 지식으로 가득찬 머리에 새로운 것 실행들이 가득 찰 공간이 생기면 정말 좋을 것이다.

72
시도하지 않으면 성공은 없고 후회만 남는다

무엇이든 해보지 않고 후회하는 것보다 해보고 후회하는 것이 낫다. 젊을 때일수록 무턱대고 덤벼보는 것이 배움도 많은 것 같다. 경험상 보면 잘 모르고 덤비면 실수할 가능성도 더 크다. 그러나 운이 따라 성공했을 때 그 성취감은 말할 수 없을 정도로 컸다.

무엇인가 실제로 해보고자 하는데 열심히 하면 많은 사람 중 누군가는 감동하여 도와주리라 믿는다. 나도 그렇다. 모르는 사람일지라도 그 사람이 해보겠다고 열심히 하면 그 사람을 도와주고 싶은 게 인지상정이다. 아는 사람이라면 더더욱 그렇다. 혹 사람이 도와주지 않으면 신이라도 도와주리라 믿는다. 그러니 일단 마음에 결단이 서면 시도해 봐야 한다.

젊을 때 많이들 실패해도 상관없다고 말한다. 패배에 익숙해지라는 말은 아니다. 그만큼 많이 경험해 보고 살아남아 그것을 토양으로 나중에 진정한 열매를 맺으라는 뜻이다. 늦은 나이에 넘어지면 일어서기 쉽지 않다. 그래서 실수하더라도 감당할 수 있는 범위 내에서 위험을 감수할 수밖에 없다. 그래서 조금이라도 젊을 때 더 도전하라고 말들 하는 것이다.

실제 선택은 자신의 손에 달려있다. 인생도 위험성 관리로 보면 단순히 '오늘도 무사히' '가늘고 길게'로만 생각하며 살아간다면 평탄하고 무던히 살아갈 수도 있을 것이다. 물론 급진적인 예외적인 상황은 그래도 준비해야겠지만 말이다. 그런데 조금이라도 준비하는 자세로 더 큰 꿈을 꿔보라는 측면에서 말하고 싶다. 고 아산 정주영 회장은 '모험이 없으면 큰 발전도 없다,' 라고 했다. 실제 그의 사업 인생은 모험적인 부분도 없지 않아 있었다. 중동으로 실어 나르는 자재를 보험 없이 한 일화도 그렇고 간척 사업 때 유조선 2척을 침몰시켜 전례 없는 공법을 만들어냈던 것도 그랬다. 입지전적인 인물을 그대로 따라 하라는 것은 아니다. 호랑이를 꿈꾸면 강아지라도 되지만, 강아지를 꿈꾸면 쥐새끼도 되지 못한다는 말처럼 목표를 크게, 포부를 갖고(Aim high) 살아야 한다.

73

뒤돌아서다
뒤통수 맞지 않는다
맞으면서
앞으로 밀고 나간다

난 가끔 무서웠다. 미래가 어두워 잘 보이지 않았고 이 길이 맞는지 의심하기도 했다. 마땅한 대안이 떠오르지 않을 때도 있었다. 그런데 가만히 생각해 보니 지금 있는 위치가 과거에 걸어온 발걸음의 결과라는 것을 알았다. 그러고 보니 마음이 편해졌고 어쩌면 나는 지금 터널을 걷고 있는 것이고 계속 걷다 보면 빛이 반드시 보일 것이라 믿기로 했다. 그렇게 믿기로 했고 그러니 마음이 편해졌다. 어차피 계속 걸어가는 수밖에 없으니까, 마음이 편해지니 많은 일이 이루어졌.

지레 겁먹고 뒤돌아서면 누군가에게 뒤통수를 맞을지도 모른다. 작전상 후퇴라는 말처럼 잠시 물러설 수는 있다. 하지만 절대 등을 돌리고 도망치지는 마라. 그러면 그 경험의 잔상은 상당히 오래 남을지도 모른다. 실제 내가 그랬으니까. 차라리 져보더라도 맞으면서 앞으로 쳐 밀고 나가봐야 한다. 맞으면서 나가는 것, 사실 힘들지 않다. 오히려 도망쳐서 평생 아픔의 기억에 시달리는 것보다 그게 더 나을 수 있지 않나, 그렇게 생각해 본다.

74

인생은 곧
수많은 선택의 결과이다
결과가 두려워도
선택을 해야 한다

 삶 속 항상 선택의 순간에 마주한다. 심지어 아침에 일찍 일어나는 그 찰나의 순간도 삶을 증거하는 본인의 의지이고 선택이다. 생활하면서 알게 모르게 무수한 선택을 하게 되고 그 선택들이 모여 현재의 결과를 나타내고 미래를 어느 정도 암시한다. 그렇다고 해서 선택을 항상 무서워할 필요는 없다. 항상 최선의 결과를 낳기 위해 선택을 주저할 필요는 없다. 신중히 선택하되, 오히려 선택하지 않는, 즉 본인의 의지가 투영되지 않은 어쩔 수 없이 흘러감에 묻혀 자신이 선택했는지 하지 않았는지 모를 정도의 길을 가서는 안 된다.

 현재 선택이 미래 결과에 긍정적으로 작용할지 부정적으로 작용할지 알 수 없다. 당연한 일이다. 당장 결과가 눈에 보이지 않는 때도 많다. 그런데도, 결정을 내려야 한다. 그리고 그 결정에 충실히 따라야 한다. 추후 결과는 자신이 판단하고, 원하지 않아도 타인도 그 결과에 대한 평가를 내리는 경우도 있다. 성공한다면, 과거가 되어버린 그 결정이 옳았다는 것을 배울 것이고 실패하더라도 이전 결정에서 발생한 것을 착오라고 인정할 수 있어 결국 배울 수 있다. '현재는 과거의 오래된 미래이다,' 라는 말이 있다. 경험은 그런 것이다. 무엇인가 해보았다는 소중한 자산, 선택의 총합과 정말 어이없는 결정이더라도 그것을 되풀이하지 않을 의지의 축적, 그것이 곧 실력이다. 그저 강하고 담대히 나간다는 마음으로 임하면 된다. 두려움 없이 선택하고 그것을 받아들여라. 시간이 지날수록 성장한 자신의 모습을 발견할 것이다.

75

충분히 준비되어 있을 때
이거다 싶으면
곧바로 잡을 수 있다

　어른들 말씀으로 인생에 3번의 기회가 온다고 했다. 그런데 모두 똑같이 그 기회가 언제 찾아오는지 구체적으로 이야기해 준 적은 없다. 또한, 그 기회는 그때 당시에는 잘 모르고 나중에 지나고 나서야 그것이 기회였구나, 라고 깨닫는다고 했다. 예전에 영화배우 박중훈이 후배 배우에게 조언해 준 일화가 있어 예시로 소개하고 싶다. 그가 말하길,

　"유명한 배우가 되고 싶다고 했지? 그런데 말이야, 총을 쏜다고 생각해 봐. 언제든 총을 쏠 수 있어야 하는데, 너는 그 총, 네가 가진 그 총에 충분히 총알이 재워져 있니?"

　배우라는 직업은 어느 정도 위치에 올라가기까지 수많은

오디션을 봐야 하며 수많은 거절을 받을 수밖에 없다고 들었다. 그런 와중에 캐스팅, 즉 선택을 받으면 그 작품에 자신의 연기를 보여주야 한다. 언제 기회가 찾아올지 모른다. 이처럼 인생도 마찬가지가 아닐까 싶다. 모두 각자 꿈이 있고 가고자 하는 길이 있다. 그런데 어디서 은인이 나타날지 혹은 어디서 자신이 원하던 길이 나타날지 모른다. 그때를 위해 미리 준비해야 한다. 만약 준비되어 있다면 그 기회를 놓치지 않고 잘 활용할 수 있을 것이다.

무방비 상태라면 기회가 기회인지조차 모르고 자칫 지나쳐 버릴 수도 있다. 데일 카네기의 부자 되는 습관의 예시를 하나 더 소개하자면, 어느 차 세일즈맨이 차에 관해 이런저런 질문을 하는 노신사에게 상품을 사지 않을 것으로 생각하고 빈정거리며 성의 없이 대답한 후 차를 한 대 판 사례가 있었다. 그런데 알고 보니 그 차를 산 사람은 유명한 기업체의 사장이자 대부호였다. 만약 친절히 설명했다면 그에게 차 세 대는 너끈히 팔 수 있었을 것이다. 이처럼 평소 바른 마음을 가져야 할 중요성처럼 미리 준비되어 있어야 한다.

항상 삶은 선택, 결정의 순간에 직면한다. 심지어 매일 점심 메뉴를 결정하는 일 같은 사소한 것조차 결정의 한 부분이다. 그런데 잘 보면 결정이 빠른 사람들이 있다. 그리고 대부분 그들은 후회하지 않는 경향이 있다. 선택과 결과의 잘잘못이 중요한 것이 아니다. 선택의 순간에 망설임이 있었는지 그리고 고민에 빠져 핵심 타이밍을 놓쳤다면 오히려 그것이 큰 잘못이며 실수일 것이다. 준비된 사람은 결정에 거침이 없다. 이거다 싶으면 바로 잡을 수 있다. 그런 사람이 되어야 한다.

반면에 언제나 모든 일에 대비할 수 없듯 만약 선택에 있어 준비가 부족하다 싶으면 신중한 자세를 견지하는 태도도 필요하다. 섣부른 판단이 독이 될 수도 있기 때문이다. 자신이 준비된 상태이면 곧바로 잡는 것에 반해 애매하면 그 이치를 잘 따져보는 것이 필요하다. 특히 투자할 때 자신이 잘 모르는 분야에 어떤 이의 권유에 혹할 수도 있다. 그런데 모르는 분야면 쳐다보지 않는 것이 정답이겠지만 쉽지 않을 것이다. 그때 한번 신중히 생각해 보라. 신중히 따져보았을 때 아니다 싶으면 선택하지 않으면 된다. 그리고 그 경험은 다음번 비슷한 사례를 만났을 때 일종의 예행연습, 준비가 될 것이다.

76

결정은 신속해야 한다
우왕좌왕하지 말라
신속하기 위해 미리 준비해야 하고
결정 후에는
그대로 충실히 실행하면 된다

신중함과 신속함은 큰 차이를 보인다. 둘 다 결정에 있어 중요한 요소임은 명백하다. 급변하는 요즘 사회에서는 신속함이 좀 더 빛을 발휘하는 측면이 있다. 기업 경영으로 예를 들자면, 이미 잘 정비된 시스템으로 돌아가는 대기업의 의사결정에는 신중함의 측면이 더 중시될 것이다. 그러나 급변하는 상황에 적응하고 성장 가능성을 모색해야 하는 개인이나 중소기업 등은 응당 태세 전환, 신속성을 무기로 삼아야 한다. 문제에 봉착했을 때 이리저리 당황하면 안 된다. 본인이 조직원이면 옆의 동료도 같이 당황할 수 있다. 혹은 리더라면 밑의 부하 직원은 말하지 않아도 더 그러하다. 결정의 옳고 그름보다 더 중요한 것은 결정을 내려주는 것이다. 즉, 바른 결정보다 빠른 결정이 필요한 때가 있다. 결정이 있어야 실행을 할 수 있고, 실행 후 잘못된 것을 재빨리 알아내고 수정 또한 신속히 할 수 있다. 우왕좌왕하면 보완의 타이밍 자체를 놓칠 수 있다. 자신의 역할 범위 내 결정은 신속할수록 좋다.

신속한 결정을 위해서는 미리 준비되어 있어야 한다. 미래에는 무슨 일이 일어날지는 아무도 모른다. 어떤 일이 벌어질지 모르는 상황을 다 준비하라는 말이 아니다. 차분한 마음가짐, 그동안 대처했던, 쌓아왔던 경험 등을 준비하라는 것이다. 준비된 마음으로 결정하고 그 결정대로 충실히 실행하면 된다. 그것이 바로 일을 잘 해내는 하나의 비결이다.

77

인생의 3요소 : 자신감 결단력 집중력

삶의 사는 데 필요한 요소 세 가지를 꼽자면 1. 자신감 2. 결단력 3. 집중력 등을 꼽고 싶다.

먼저 **무슨 일을 하든 자신감이 있어야 한다. 그래야 절반은 성공하고 들어간다고 본다. 자신감이 있는 사람은 눈빛부터 다르다.** 입사시험에서 면접을 볼 때나 영업행위 시 거래처 대면을 할 때 자신 있는 눈빛은 다르다. 그 자신감에서 첫인상이 결정되고, 만남에서도 많은 영향을 끼친다. 자신 있는 태도는 결과가 좋지 않더라도 후에 다른 승부에도 영향을 미친다. 다음 기회에 있어서 역시 분명 선한 영향을 끼치는데, 다음에는 꼭 승리하리라는 마음가짐을 갖게 하고 대부분 그러한 결과를 낳는 마법을 지니고 있다.

다음으로 결단(판단)력은 선구안이라는 말로도 바꿔 말할 수 있다. 결단력은 사실 많은 경험이 쌓여야 한다. 많이 보고 느끼고 해봐야 알 수 있다. 야구를 예로 들면, 공도 많이 봐본 사람이 공을 잘 칠 수 있다. 전성기 잘 치는 타자는 그 조그마한 야구공이 수박만큼 커 보인다고 한다. 프로야구 타자는 특출난 재능이 있는 사람도 있지만 피나는 노력을 통해 만들어진 사람도 무수히 많다. **선구안은 이게 진짜인가, 아닌가를 판단하게 만든다. 여부를 따져 맞다 싶으면 잡는 것이다. 결정을 내리면 실행으로 이어져야 함은 당연하다.**

집중력은 실제 움직일 때와 연계된다. 일은 촌철살인과 같아야 한다. 설렁설렁 일하는 사람은 자신은 그것을 잘 알거니와 보는 사람도 잘 알 수밖에 없다. **누구에게나 주어진 시간은 같다.** 그 유한한 시간, 그리고 제한된 장소 안에서 정해진 목표를 향해 집중력을 발휘해야 한다. 그것이 어느 때는 시험일 수도 있고, 회사에서는 목표 달성, 사업에서는 매출이익 달성 혹은 신개발 혁신일 수도 있다. 언제나 시간은 정해져 있다. 시간은 집중해 노력을 더 해 놓으면 분명 나중 인생은 여유로움으로 보상해 줄 것이다. 그 형태가 경제적 안정 혹은 다른 형태의 평안을 반드시 보장해 줄 것이다.

78

네가 내딛는 발걸음에 따라 미래가 결정된다

지금 생각해 보면 내 앞에는 많은 길이 있었다. 때로는 스스로 선택했고 때로는 큰 힘에 이끌려 길을 걸어왔다. 현재는 과거의 오래된 미래라는 말처럼 과거에 내가 걸어온 길이 지금이 중간역 정도에 와 있는 것 같다. 미래 목적지를 또 설정하고 현재 또 내달리고 있는 것도 다 과거를 참고하는 이유이기도 하다.

그런 점을 생각해 보면 앞일을 생각할 때 현재 무엇을 해야 할지 생각해 볼 수 있다. 하나의 원칙은 무엇을 해야 할지 고민이 될 때 가장 필요한 것을 해야 한다는 말을 해주고 싶다. 다소 어렵게 들릴 수 있지만 **어려울 때는 항상 단순히 생각하는 것이 답이다.** 지금 당장에 급급하게 허둥지둥 살라는 말이 절대 아니다. 여러 가지 일이 있을 때 우선순위에 따라 일을 하라는 말을 하고 싶었다. 지금 가장 필요한 게 무엇인지 살펴보고 하나하나 해결해 나간다면 시간이 흐를수록 완성된 자신을 볼 수 있을 것이다.

79

잘 되리라 믿으면 된다

사업으로 비교적 크게 성공한 분을 본 적이 있다. 그런데 그분은 학력이 그렇게 높지 않다. 일반적으로 학력이 높고 그래야 성공 확률이 높다고 알고 있을 것이다. 그런데 말마따나 확률일 뿐이다. 그분이 한 번은 감사하게도 본인의 삶에 대해, 성공 비결을 이야기해 주신 적이 있다.

결론부터 이야기하면 모든 성공 스토리가 그렇듯, 좀 더 거창하게 표현해 영웅의 이야기는 굴곡진 삶 와중에 위기를 극복한 과정이다. 그분도 그랬다. 젊은 시절은 그냥 누가 들어도 되는 일 없는 인생이고 힘들어 보이는 인생이다. 그러다가 제3자의 시각에서 볼 때 터닝 포인트가 있다. 그때 그분은 인생의 결단, 좋은 선택을 내렸고, 그게 지금까지 이어졌다. 그런데 그 결정을 내릴 때 굳게 마음먹은 것이 있고 지금까지

신조처럼 여겨온 것이 있다고 한다.

  그것은 바로 잘되리라 믿으면 그대로 된다는 것이다. 실제로 잘 된다고 믿어왔고 거짓말처럼 잘되었다고 한다. 흔히들 다른 성공한 사람들의 이야기를 들어보면 세상을 긍정적으로 바라봐야 한다고 한다. 그분의 성공한 결과를 보면 더욱 확신이 생긴다. 생각해 보면 나도 그랬다. 잘될 것 같은 일이라고 마음을 굳게 먹고 실행하면 그대로 되었다. 그런데 자신감이 없이 그냥 하면 정말 잘 안되는 경우가 많았다. 그래서 감히 이야기한다. 잘 됨을 믿으면 된다. 그럼, 너의 경영하는 것이 이루어질 것이다.

80
세상에 긍정적으로 덤비자 성공은 운, 실력, 그리고 실행의 합이다

많은 사람이 모여 산다. 흔히 사회생활이라 한다. 혼자서 세상을 살 수 없고, 남들과 더불어 살아야 한다. 그런데 잘 살펴보면 세상을 긍정적으로 바라보는 사람도 보게 되고, 때로는 냉철하게 세상을 바라보는 사람도 있다. 심지어 냉철을 넘어 냉소적으로 보며 세상을 비판적 분석으로 살아 나가는 사람도 만날 수 있다. 바라보는 관점들의 잘잘못을 따질 필요는 없다. 어찌 보면 다 필요한 자세이고 그렇기에 존중받아야 한다. 그러나 세상을 살아가는 데 긍정적인 마음을 가져야 생활이 더 편해질 수 있다. 조심하며 사는 자세, 신중한 자세도 좋지만 뭐든지 너무 심하면 다른 사람들로부터 눈총을 받을 수도 있다. 그리고 자기 자신도 부정적인 마음이 가득하여 일이 잘 안될 수도 있다. 긍정 에너지가 너무 심해 과도한 낙관주의, 무조건적 낙천성향에 빠진다면 이도 경계해야 하지만 세상을 긍정적으로 사는 자세는 필요하다.

마지막에 인간이 지킨 소중한 선물이 희망이었다는 판도라 상자 이야기처럼, 희망은 사람들을 살아가게 하는 원동력이다. 최악의 순간에도 나중의 결과를 넘어 희망을 품으면 사람들은 계속 살아남을 수 있다. 그리고 언젠가 원하는 것을 반드시 얻게 된다. 그것이 긍정의 힘이다. 그러니 긍정적으로 덤벼야 한다. 할 수 없다고 믿으면 정말 애초에 할 수 없는 일이 되지만, 할 수 있고 된다고 믿으면 그 일은 역시 믿음대로 될 수밖에 없다.

세상에서 성공하는 것, 성취는 결국 운과 실력의 결합이라고 생각한다. 운만 좋아서 크게 얻지도 못하지만, 실력만 있다고 매번 크게 얻는 것도 아니다. 결국, 1등, 한 자리는 고승덕 변호사가 본인의 저서에서 말했듯 운이 따라줘야 한다. 물론 실력, 노력은 당연히 갖춰야 한다. 긍정적인 마음가짐을 항시 가지면 운은 저절로 따라온다. 그리고 이를 바탕으로 노력하면 반드시 성공이 따라온다.

많은 일이 있다. 심지어 아침에 눈을 뜨게 되면 세상은 너를 기다리고 있고 바로 선택이 시작된다. 심지어 밥을 먹는 일, 씻는 일, 그에 대한 시간 등이 너의 선택을 기다리고 있다. 이런 일상적인 선택부터 중요한 순간, 어쩌면 운명을 바꿀 수도 있는 선택이 있을 수 있다. 그런 선택에 있어 우유부단하지 않고 과감히 실행해야 한다. 단순히 잘 찍어 선택하라는 말이 아니다. 실제 실행을 해야 가능성, 확률에 몸을 던지는 것이다. 결정의 순간에 아무것도 하지 않으면 그것은 오히려 인생에 마이너스이다. 예컨대, 잘못된 결정을 내리는 상사보다 결정을 내리지 않는 상사가 더 나쁜 경우가 대부분이다. 이처럼 선택, 행동 추구는 무엇보다 중요하다. 미리 준비해야 한다. 긍정적인 자세로 그리고 그 전의 준비로, 그리고 가장 중요하게도 선택의 순간에 행동해야 한다.

81

미래가 과거와 똑같이 되지는 않는다
그러나
비슷한 패턴으로 흐른다

사람 사는 것은 다른 것 같으면서도 다 비슷하다. 제아무리 부자라 한들 언젠가는 죽게 마련이고, 아무리 잘 먹는다 한들 하루 고작 세 끼 먹는 것은 불변이다. 그런 점을 생각해 보면 사람 사는 이치를 찾아볼 수 있겠다 싶었다. 아마도 그래서 사람들은 역사를 중요시하고 배우는 것 같다. 역사학자 E. H. Karr는 역사는 되풀이된다고 했다. 그럼에도 불구하고 사람들은 역사를 배운다. 이 점을 잘 생각해 봐야 한다. 반복된다는 것은 곧 일종의 패턴을 의미한다. 그 패턴 속에서 좋은 점은 더 발전시켜야 하며 나쁜 점은 지양해야 한다. 그 적용 대상이 자신일 수도 있고 크게는 사회일 수도 있다.

경제학에도 경기순환 이론이 있다. 호경기가 있으면 불경기가 있다. 쉽게 말해, 잘될 때가 있으면 안될 때가 있다는 것이다. 그럼, 사업을 한다고 가정하면 잘될 때 열심히 비축해 두고 안될 때 희망을 갖고 미래를 준비해야 함을 생각할 수 있다. 마치 성경에 나온 7년의 풍년 동안 곡식을 모아두었다가 7년의 흉조을 견뎌냈던 요셉의 이야기처럼 말이다. 세상의 이런 큰 흐름을 읽고 자신을 반영해 내면 세상에 잘 적응하며 살아갈 수 있다.

예외는 있다. 비슷한 패턴이라도 완벽하게 같을 수는 없다. 많은 사람이 역사를 공부한다. 그러나 쉽게 잊는 것을 자주 본다. 그리고 패턴을 잘 안다고 해서 그 패턴대로 완벽하게 다 완성되지도 않는다. 과거에는 이랬다고 해서 현재에도 그리고 미래에도 그대로 통용될 것이라는 어리석은 논리는 버려야 한다. 패턴 인지는 필수적이지만 철저히 참고용이다. 금융의 예를 하나 들고 싶다. 우리나라의 경우 IMF 사태, 미국의 경우 2008년 서브프라임 모기지 사태는 기존에 없던 사례였다. 기존 금융 전문가들, 금융권에서도 예상치 못했던 사태이며 급격한 손실이었다. 그래서 사실 기회였다. 이 또한 위기의 극복이었으니 일종의 또 다른 패턴이라 볼 수도 있겠다.

그 외에도 사회의 급격한 혁명, 변화의 바람은 패러다임을 뒤집는다. 이런 예외적 사고 가능성을 대비하며 살아야 한다. 그러나 심각할 필요는 없다. 하나의 조그만 가능성일 뿐이기 때문이다.

82

세상 흐름은 일반적 패턴이 있지만 예외도 있다

리처드 도킨스의 이기적 유전자라는 책을 읽어보면 눈에 보이지 않는 조그만 세포조차 비슷한 것들끼리 모인다고 한다. 보기에 사람도 일도 마찬가지이다. 다들 끼리끼리 모이고 뭉친다. 그게 세상 이치이다.

일전에 어느 일본의 현인이 한 말도 기억난다. 세 가지를 빗대어 천지인 원리라고 하였다. 자신의 운명을 바꾸고 싶다면, 天, 즉 하는 일을 바꾸어야 한다. 地, 즉 사는 곳을 바꾸어야 한다. 마지막으로 人, 만나는 사람을 바꾸어야 한다. 무언가 흐름의 변화를 꾀해야 하는데 쉽게 세 가지 큰 예를 든 것이다.

개인의 일생을 보면, 그것도 하나의 우주와 같다. 한 개인에 불과해 보여도 삶에 있어 치열하고 복잡하다. 때로 사는 곳에서 즐거움을 느끼고, 만나는 사람에 상처받기도 하며, 하는 일에 일희일비하기도 한다. 그리고 세상도 마찬가지이다. 개개인이 모여 사회를 이루고 그 사회들이 모여 더 큰 사회를 이룬다. 때로 협력하고 서로 다투기도 한다. 그런데 역사는 반복된다는 말처럼 세상은 분명 일정한 규칙을 가지고 있다. 그와 동시에 변칙도 존재한다. 몸이 아프면 치료를 받아 다시 생활하는 것처럼 때로 법에 따라 세상은 치유되고 어쩌면 입법, 집행 등도 크게 보면 인류의 자정작용이라고 할 수 있다.

삶에 적용해 보면 변화하는 세상 흐름을 잘 이해하고 그 시류를 잘 타는 것이 원만한 적응이라고 할 수 있다. 말 그대로 적응과 변화적 관점에서 보아야지 무반응적 순응을 하라는 말은 아니다. 변화를 받아들이는 것은 힘들다. 기존의 생각대로, 전의 행동대로 하는 것, 습관의 힘은 분명 무섭다. 그러나 큰 흐름을 조그만 개인이 거스를 수 없다. 위대한 반대자가 되지 말라는 것은 아니다. 꼭 지켜야 할 가치, 소신을 포기하라는 것이 아니다. 그렇다고 무조건 대세에 따르라는 말은 더욱 아니다. 다만, 흐름을 알고 그것을 이해하고 '우리'의 관점에서 그것을 잘 활용하는 것, 그것이 삶에 분명 도움이 된다고 말하고 싶을 뿐이다.

그리고 예측할 수 있었던 것은 위기가 아니라는 말과 함께 기억해야 할 것이 있다. **세상 속 일종의 패턴에서 예외가 발생한다는 것을 안다면 분명 기회를 잡을 수 있다. 사업과 같은 일을 도모하거나 투자를 한다면 역발상적 결단이 큰 성공을 이룰 수 있다.** 패턴을 뒤엎는 것이 아닌, 다르게 보는 예외적 발상은 분명 성공을 이루게 한다.

83

인생사가 흐름이다
자신의 흐름을 만들 줄도 알아야 하고
세상의 큰 흐름을 파악하고
그것을 잘 탈 줄도 알아야 한다

우리 부부는 스포츠를 좋아한다. 결혼 전에는 프로농구를 관람하러 경기장을 자주 찾았다. 같이 응원하는 팀을 보는데 승부 예측 게임을 즐겨 했다. 즉, 오늘은 누가 이길까를 서로 맞추는데 취미가 같았다. 엄마는 오로지 감으로 누가 이긴다고 하면 정말로 그렇게 되는 경우가 많았다. 10점 차는 4쿼터 때만 잘해도 승부가 잘 뒤집히는 농구 경기인데, 이상하게 누가 이긴다고 하면 맞는 경우가 많았다. 그에 반해 나는 좋아하는 팀에 편향성이 있어서 그런지 희망을 가진다는 핑계에 힘입어 승부 예측이 틀리는 경우가 종종 있었다.

그런데 어느 순간 내가 더 누가 이길지 더 많이 맞히기 시작했다. 농구를 보면 작전타임이라는 게 있다. 그런데 선수든 감독이든 결정적 순간이라고 판단될 때 소정의 작전타임을 쓴다. 잘 살펴보면 자기 팀이 잘 될 때는 흐름을 타느라 굳이 작전타임을 쓰지 않는다. 반면에 상대 팀이 너무 잘해서 그 흐름을 끊어줄 목적으로 그리고 자기 팀을 재정비할 목적으로 작전타임을 쓴다는 것을 알게 되었다. 그때 깨달았다, 흐름이 중요하다는 것을.

흐름을 잘 타는 팀은 작은 기간에 그에 따라 잘하고 큰 흐름을 타는 팀은 승부에서도 결국 이긴다는 것을 알았다. 그리고 이는 비단 농구 같은 스포츠 경기뿐만 아니라, 인생사 많은 부분에 적용된다는 것을 알았다. 학창 시절 매번 1등을 하는 친구가 다음에도 1등을 하는 것처럼 잘되는 분위기를 잡은 친구는 계속 잘한다. 공부는 페이스 유지라는 말처럼 좋은 흐름을 잘 잡고 유지하면 성적이 잘 나온다. 또 다른 예로 일도 마찬가지이다. 승승장구라는 말처럼 하나의 프로젝트에서 크게 이바지하여 큰 성과를 내고 남들보다 승진도 빠르고 더 높은 연봉을 받으며 계속 잘되는 사람이 왕왕 있다. 그렇게 좋은 결과를 맞는 사람들을 잘 보면 늘 즐거운 분위기, 좋은 흐름 속에서 살고 있다는 것을 볼 수 있다.

그렇게 흐름을 잘 타야 한다. 자신이 현재 어느 위치에 있는지 또 어디로 흘러가고 있고 앞으로 어떻게 될지 잘 파악하여 그 흐름을 먼저 이해해야 한다. 그리고 마치 유연하게 파도타기 선수처럼 그 물살을 잘 타야 한다. 그리고 즐김의 단계까지 간다면 제일 좋겠지만 그것이 아니더라도 적정한 긴장감을 유지하고 그 과정 자체를 잘 이겨내야 한다.

함께 사는 사회이다 보니 많은 사람과 있다 보면 때론 경쟁해야 한다. 경쟁의 게임에 있어서도 자신의 흐름을 만드는 것은 중요하다. 앞서 말한 운동경기처럼 경쟁에서는 자신에게 유리한 흐름을 만들어내는 것이 중요하다. **때론 쉼과 같은 작전타임도 필요할 것이다.** 그리고 크게 보면 자신이 만들 수 없는 큰 흐름이 있다. 세상의 변화 같은 큰 흐름은 빨리 파악하고 그것에 자신을 내던져야 한다. 무작정 바다로 뛰어들지 않고 미리 준비되어 있어야 하고 어떤 세상인지 알고 몸을 던져야 파도를 잘 탄다. 그 춤추는 물결에 네가 갈 수 있는 것, 재미의 범위는 넓어질 것이다.

84

책 읽기는
남의 생각을 파악하는
훌륭한 연습이다

나는 책을 좋아한다. 책을 좋아하게 된 시기는 군대에 있을 때부터였다. 고된 일상을 마친 후 무료함을 달래주는데 책처럼 좋은 게 또 없었다. 그리고 당시 운이 좋아 나보다 더 훌륭한 똑똑한 동료들이 많았던 환경도 작용했다. 다들 유식한 이야기를 하는데 하다못해 대화에 끼려면 나도 일단 많이 알아야 했다. 그래서 책을 접하게 된 것 같다. 당시 받았던 군 병사 월급을 넘어 책 사는 데 돈을 쓴 것 같다.

많이 읽으면 많이 생각하게 되고 많이 쓰게 되고, 최종적으로 많이 행하게 된다. 그게 책이 주는 가장 큰 매력이 아닐까 싶다. 눈에 보이지 않지만, 작자를 생각하며 마치 대화하듯 머릿속에 그림을 그리고 나름의 장면들을 연출하게 된다. 그 사람의 생각을 빨리 알고 내 생각을 정리할 시간을 충분히 준다는 점에서 오히려 요즘 매체인 인터넷 통신, 이를테면 유튜브 보다 더 나은 것 같다.

  책을 그래도 조금 읽다 보니 책 읽는 방법 혹은 발전 단계에 대해 생각했다. 먼저 그 단계에 대해 말하자면, 먼저 책은 입으로 소리 내어 읽는 게 먼저이다. 실제 글자를 배우고 읽는 것은 동시에 말하는 것에 대한 배움이라 생각한다. 그러니 당연히 소리 내어 읽는 것이 가장 중요한 초기 단계라 말할 수 있다. 이는 국어뿐만 아니라 외국어에도 똑같이 적용되는 듯 싶다. 괜히 발음기호가 있는 게 아니다.

  두 번째, 소리 내어 읽는 게 완벽해지면 시간 단축 단계로, 눈으로 읽게 된다. 속독 훈련 학원까지 생겨난 세상이다. 그런데 그 학원에서 가르치는 것은 결국 눈으로 얼마나 책을 빨리 읽는 훈련을 하는 것이라 들었다. 아무래도 소리 내어 정독하는 것보다 눈으로 술술 읽어나가는 것이 시간은 더 빠를 것이다. 눈으로 읽으며 생각하고 행간, 즉 작가의 숨겨진 의도 등을 파악하는 훈련은 다음 단계로 나아가기 위한 과정이다.

  세 번째, 눈으로 책을 읽는 것은 결국 글을 이해하는 훈련이다. 처음에는 머리로 알게 된다. 자기 생각이 잘 정립되어 있지 않다면 나보다 먼저 배우고 경험해 깨달은 작가의 생각을 순순히 받아들이게 된다. 이런 것이 있구나, 그렇구나, 하면서 자신도 작가의 경험을 간접 경험하는 것이다. 간접 경험이 주는 놀라운 마법은 삶에 많은 영향을 끼친다. 아는 것이 힘이라는 말처럼 책을 통한 다양한 지식의 습득은 분명 나중에 쓸 수 있는 훌륭한 자산이 될 수 있다.

마지막으로 책을 많이 읽다 보면 머리로 알게 됨을 넘어 마음으로 이해하는 최종단계까지 갈 수 있다. 그 글을 깊게 이해하고 그것을 넘어 자기 생각과 비교하는 단계까지 갈 수 있다면, 그것은 가히 완성에 가까운 단계라 할 수 있다. 그 사람의 의견에 동조하고 추가 의견을 생각할 수도 있고, 혹은 그 작가의 생각과 반대되는 논리를 생각할 수도 있다. 책 읽기는 일종의 즐거운 게임이 될 수 있다.

이 같은 단계를 거치며 성장하는 즐거움을 느낄 수 있다. 많이 읽고 생각하면 알게 된다. 그리고 실제로 자기 생각까지 써본다면 단계의 성장을 더 빨리 이룰 수 있다.

85

**인생은 마일리지 쌓기이다
각자 쌓아 놓은 마일리지가
언제 사용될지는 모른다
그러나 분명한 것은
언젠가 터진다**

일전에 염따라는 유명 힙합 가수가 한 말이 있다.

"인생은 마일리지 쌓기이다. 내 지금 성공은 그동안 쌓아 놓은 마일리지를 쓰는 것일 뿐이다."

바로 이 말에서 착안했다. 가수 염따의 말에 깊이 공감한다. 맞다. 인생은 마일리지 쌓기이다. 로또와 비교해 보면, 로또는 매번 해도 단일의 새로운 확률 싸움에 불과하다. 매번 많이 산다고 한들 그만큼의 똑같은 확률이 주어지는 것일 뿐이다. 즉, 요행은 될 확률이 낮다. 그러나 성공을 위한 노력은 그렇지 않다. 염따의 말처럼 각자의 마일리지, 재능 쌓기가 있다면 기회를 만났을 때 기존에 쌓아 놓은 마일리지가 터지는 것이다. 차이점이 있다면, 각자 스스로 쌓아 놓은 마일리지가 언제 사용될지 다 다를 뿐이다. 언제 사용될지 모르지만, 분명한 것은 언젠가 그 마일리지가 터진다는 점이다. 자신의 능력을 꽃피울 때, 즉 마일리지를 사용할 때가 분명히 있다는 것이다. 대기만성이라는 말이 이와 같지 않을까.

 선천적 재능이라 해서 신인 유망주, 조기 교육으로 발견된 어린 천자 등이 모두 끝까지 롱런하지 않는다. 오히려 요즘 세상에는 그런 천재들이 수없이 많이 발견되고 그 중 성공이라 일컬어지는 사례는 발견 사례에 비해 매우 적다. 그러나 노력으로 만들어지는 천재 사례는 전자에 비해 많다. 모두 각자의 위치에서 인정을 받고 만족하는 조금은 늦게 이루어지는 사례는 무수히 많다. 그래서 감히 말한다. 언젠가 분명히 터지는 마일리지가 있다. 그렇게 믿고 마일리지를 쌓는 심정으로 하루하루 열심히 살아가면 언젠가 그것을 수확할 때가 분명히 올 것이라 믿어야 한다. 그리고 그 믿음은 반드시 이루어진다.

86

포기가 빠르면 성공이 빠르다
안 되는 것 붙잡지 말고
잘되는 것에 더 집중한다

인생의 전제 사항으로 무슨 일이든 자신감을 가지고 임해야 한다. 자기 확신도 없는데 일을 하는 것이라면, 그것은 성공을 보장할 수 없다. 성공 확률을 높이려면 애초에 자신감을 가지는 것이 무엇보다 중요하다. 그러나 한 가지 조심해야 할 사항이 있다. 자기 자신이 무조건 최고라고 생각하는 것은 금물이다. 즉, 자신감과 더불어 본인도 틀릴 수 있다는 점을 항상 염두에 두어야 한다.

하다 보면 빠른 시간 혹은 자신이 생각한 시간 내에 해결되지 않고 지지부진한 일들도 종종 있을 것이다. 상황에 맞게 그것을 계속 추진해야 할지 아니면 그만두어야 할지 고민할 때가 생긴다. 그때 무엇보다 객관적 판단이 중요하다. 자기 훈련이 잘되어있는 사람은 판단력이 좋고 결정이 빠르다. 그러나 중요한 문제일수록 결과를 예상하여 결단에 신중을 기할 때도 있다. 그때 자신이 믿을만한 사람의, 제삼자적 의견을 듣는 것도 결정을 내리는 방법이 될 수도 있다. 물론 결정과 그에 따른 책임은 다 본인의 몫이기에 남의 의견은 철저히 참고사항이어야 한다.

어떤 사람은 불굴의 집념을 가지면 언젠가 이루어질 수밖에 없다고 주장한다. 그에 대한 근거 혹은 예시로 성공한 '결과물' 등을 들기도 한다. 그러나 오히려 반대로 생각해 볼 수도 있다. 안 되는 것을 계속 붙잡고 있는 것보다 아니다 싶으면 빨리 손을 놓고 다른 것을 잡아야 할 필요도 있다. **손은 두 개다. 두 개를 동시에 잡을 수도 있다. 그러나 두 손으로 하나만 쥐게 되면 적어도 그 하나를 절대 놓치지 않는다.**

그동안 공들인 시간이 아깝고 스스로에게 미안한 감정에 어쩔 수 없이 안 되는 일에 끌려다닐 필요가 전혀 없다. 포기가 빠르면 성공이 빠르다는 점을 항상 기억해야 한다. 세상 안의 그 무엇이든 끊임없이 변한다. 그 변화를 감지하면 태세 전환적 태도로 기민하게 움직일 필요가 있다. 변화는 날이 갈수록 빠르게 진행되니 기존에 준비해 놓은 것을 바탕으로 빠른 의사결정을 내려야 한다.

87

<u>큰 나무의 유연함을</u> 배우라

뿌리 깊은 나무는 바람에 흔들리지 않는다는 속담이 있다. 즉, 기본이 튼실한 사람은 몸을 이루는 줄기와 알짜배기인 열매를 놓치지 않는다. 반듯하게 중심을 잡고 싶다면 근본을 지켜야 한다. 그리고 너무 단단함만을 고집한다면 부러지기 마련이다. 꼭 지켜야 할 기본 소양을 갖췄다면 시시때때로 부는 바람에 유연해야 한다. 그렇지 않으면 세찬 바람에 찢기고 부러지기 마련이다. 바꿔 말하면 변하는 시대 흐름에 유연하게 대응할 필요가 있다. 그렇게 중심을 잡고 바람에 흔들려 주는 유연함을 갖췄다면 이제 그동안 잘 키워온 열매를 새롭게 땅에 뿌릴 필요가 있다. 그것이 곧 발전이며 세상에 대한 보답이 되는 셈이다. 즉, <u>스스로 혹은 자신의 후대, 더 나아가 물려주고 싶은 정신을 통해 자신도 발전하고 세상을 발전시킬 수 있다.</u>

오래된 나무는 처음부터 단단하지 않았다. 잘 살펴보면 보이지 않는 땅속에 엄청난 내공의 뿌리가 자리 잡고 있다. 그리고 아직도 바람에는 비웃듯 가지와 잎을 흔들어댄다. 그리고 날이 갈수록 더 넓은 곳에 자신의 열매를 전파한다. 네가 큰 나무, 오래가는 나무가 되었으면 한다.

88

모든 것은 마음에 있다
마음을 잇다

불교 용어에 일체유심조라는 말이 있다. 즉, 모든 것은 마음에 있다는 뜻이다. 더 쉽게 이해하면 모든 것은 마음먹기에 달려 있다고 생각할 수 있다. 실천적 의미로 하면 된다는 쉬운 말로 바꿔 말할 수 있을 것이다. 또한, 마음의 평정심을 가지면 행동도 온전히 할 수 있다고 다시 확장 해석할 수 있다. 말하지 않으면 남은 절대 모를 그 마음, 내 안에 있는 그 소중한 것을 잘 단련하는 것이 필요하다. 지행합일이라는 말과 연계해 보면 의지와 행동을 같이하여 일관성을 이루는 것도 생각해 볼 수 있다. 그리고 그 마음의 요소, 바로 말한 평정심, 의지력, 인내력 등을 굳게 모아야 한다.

자기 단련 후 이 마음을 몸 밖으로 발현하는 것도 필요하다. 이심전심이라는 말처럼 나의 마음을 타인의 마음과 이어 더 큰 긍정적인 의지를 만들어가는 것, 그것은 분명 나 자신을 넘어 사회를 아름답게 만들 것이다. 주위의 가족, 친척, 친구, 일터, 지역사회 등 많은 범위를 넓혀 확장해 나갈수록 그리고 그 범위 단위의 단합이 있을수록 사회는 더 든든해질 것이다.

89

냉정하지만 사회는 자신의 이익에 따라 움직인다

사회는 철저히 자신의 이익에 따라 움직인다. 자신에게 도움이 될 것인가, 해가 될 것인가에 따라 각자 판단을 하여 그 결정들의 큰 흐름이 형성되고 그것이 모여 결과를 만든다. 자신의 이익을 먼저 생각하는 것은 본성이다. 그리고 그 본성이 잘못되었다고 말할 수 없다. 냉정하지만 사회는 사익에 따라 움직인다는 것을 인정해야 한다. 우선 개인 관점에서 원하고 필요한 것이 있다면, 자신의 의지를 관철해 줄 사람을 찾고 그 사람이 무엇을 원하는지 그것을 어떻게 충족시켜 줄 것인지 알아내고 실행하는 것이 중요하다. 그리고 자신의 이익에 따라서만 움직이면 상충하는 상황이 발생할 수 있고 분쟁이 일어날 수 있는 점을 고려하면, 최소한의 약속 혹은 합의,

예컨대 법의 제정과 개정을 이룰 수 있는데 이바지하는 것도 중요하다. 모두를 위한 적정한 양보를 위한 기초를 미리 닦는 것, 이것을 미리 알아내고 주도하여 만들어가는 것도 사회 유지 및 발전에 필요하다.

90

자신에게
누군가에게
꼭 필요한
사람이 돼라

    자신이 만족하지 못한다면 체념조차 할 수 없다. 자신의 의지가 아니라 남의 생각대로 끌려다니며 산다면 행복의 의미를 찾기 힘들 것이다. 물질도 더 많이 못 가질 수 있다. 심지어 그 사실을 모르고 살 수도 있다. 자신을 존중하고, 본인의 한계에 이를 정도로 진력하여 인정할 수 있는 사람이 되어야 한다. 모든 것은 자신을 사랑하는 것에서 시작한다. 그리고 그것이 커질수록 타인에게 큰 영향력을 끼칠 것이다.

    힘을 키우면 그것을 잘 나누는 것도 능력이다. 본인이 영향력을 발휘하는 것과 그것을 잘 나누는 것도 필요한 능력이다. 다시 말해, 혼자서 모은 것을 감당해 낼 수 없다. 심지어 재물도 마찬가지이다. 주위에 있는 사람이든 혹은 멀리 있는 사람이라도 내 능력이 빛을 발하면 그것을 필요로 하게 마련이다. 빛이 어둠을 밝히듯 힘이 필요한 사람은 그 빛을 받으면 자기 자신을 발견하고 또 그 받은 힘은 다른 곳으로 전이되기 마련이다. 그렇게 사회는 계속 밝아진다. 사람들에게 꼭 필요한 사람이 되어야 한다. 주고받는 장사, 고용 관계를 넘어 나의 행동거지 하나라도 영향력을 끼칠 수 있는 큰 사람의 단계까지, 즉, 필요함의 크기를 키워나갔으면 한다.

91

긍정적인 말과 적극적인 행동 그리고 겸손과 여유를 가지면 삶이 반드시 풍요로워진다

긍정적인 사람은 언제든 필요하다. 그러나 언제나 비난하는 사람은 멀리해야 한다. 합리적인 이유를 갖고 때와 상황에 따라 나에게 직언할 수 있는 사람은 환영한다. 그러나 매사 부정적인 사람은 그 어두운 기운을 몰고 다니며 듣는 사람에게도 그 영향을 끼친다. 따라서 매사 긍정적인 사람을 곁에 두어야 한다. 항상 상황을 낙관하며 물처럼 맹한 사람을 두고 닮으라는 말은 아니다. 태도가 밝은 사람, 긍정적인 말을 습관처럼 여기는 사람을 곁에 두라는 뜻이다. 어려운 상황이라도 이를 극복할 수 있는 희망을 갖는 긍정적인 사람이 좋다. 그런 사람을 두고 본인도 그렇게 살아야 한다. 여기에 행동도 적극적인 사람이 된다면 금상첨화이다. 말만 하지 않고 희망을 실현하는 사람, 그 사람이 배울 사람이고 본인의 목표가 되어야 한다.

또한, 긍정적이고 행동도 당찬 사람이 내외로 겸손과 여유를 가진다면 그 사람은 반드시 성공할 사람이다. 겸손과 여유는 매우 중요한 요소이다. 겸손한 사람은 칭찬을 받을지언정 비난하지 않는다. 오히려 겸손한 사람을 비난하는 사람이 곤경에 처한다. 과시적인 행동이 극에 이를수록 주목받는 세상이라고 하지만, 오히려 겸손한 사람은 눈에 띄지 않아도 그 성공이 어디 가지 않는다.

여유로운 마음은 선택의 순간에서 가능성을 높인다. 급한 사람은 먼저 갈 수 있지만, 그 길이 항상 옳은 결정임을 보장받지 못한다. 그러나 여유로운 사람은 조금 늦게 이르지만, 결과적인 측면에서 더 높은 가능성을 보장받는다. 마치 야구선수의 공이 빠르다고 원하는 곳에 정확히 가지 못하지만, 조금 느려도 정확히 제구가 되는 예와 비슷하다.

92
확률을 너무 맹신하면 평균의 함정에 빠질 수 있다

　무언가를 결정할 때 머릿속으로 가능성을 계산한다. 이게 될 것인지, 된다면 얼마나 크게 될 것인지 혹은 반대의 경우를 계산한다. 사람들은 수치로 측정될 수 있는 것, 관리할 수 있는 영역을 좋아한다. 그것이 바로 수학적 확률, 통계를 많이 활용하는 이유이다. 과학적 인과관계가 아닌, 통계적 상관관계를 사용할 때 주의할 점이 있다. 말 그대로 가능성의 수치를 다루는 것이 확률인데 이것을 활용할 때 평균의 함정에 빠지는 것을 주의해야 한다. 일정 기간의 평균, 다른 비교 대상들과의 평균 등을 많이 활용한다. 그러나 과거에 있어 평균은 유효해도 미래에 있어 평균은 그리 유효하지 않다. 명확히 이야기하면 미래 변수는 누구도 예상할 수 없으므로 평균을 활용하는 것은 큰 의미가 없다고 본다. 제일 잘했던 최고의 순간을 보았고 그 이상을 꿈꾼다면 하향 평준화된 수치를 고려하는 것은 큰 의미가 없다.

확률은 분명 중요하다. 숫자는 관리될 수 있기 때문이다. 그러나 이 낮은 확률이더라도 이것을 뛰어넘는, 변수를 만들어내는 능력이 더 중요하다. 모험이 커질수록 돌아오는 결과가 더 크기 때문이다. 그리고 자기암시처럼 낮은 확률은 간혹 실제 그것이 원래 예정되어 있듯 당연한 결과로 받아들이는 패배의식을 만들기도 한다. 확률을 참고하되 맹신할 필요가 없는 이유이다.

93

젊음은 유한하다
30·40에 승부를 걸어야 한다

누구든 찬란한 순간이 있게 마련이다. 정신없이 사는 사람은 자신에게 좋은 순간이 왔다는 것, 그때가 있었다는 것을 모르거나 잊고 산다. 전성기가 왔을 때 그것을 누리고 다음을 항상 준비해야 한다.

운동선수의 경우, 대부분 20대에서 30대 중반 사이 커리어 하이를 기록한다. 그리고 미래를 생각하며 혹은 내리막을 경험하고 은퇴를 준비한다. 그러나 대부분은, 30·40시기에 전성기를 경험한다. 그 시기가 책임감을 많이 가질 때인데 그만큼 많은 것을 지니고 있다. 우선 좋은 체력을 가지고 있고, 20대부터 다져온 경험이라는 큰 무기를 어느 정도 쌓은 때이다. 직장인이나 사업가나 30·40시기에 좋은 기회를 얻고 많이 발전하는 경우가 많다. 회사원이면 실무의 최전선에 나설

때이고, 사업가의 경우 실전과 사람 관리에 최적의 나이이다. 하다못해 직원의 부재가 있으면 본인이 몸으로 직접 빈자리를 충분히 메꿀 수 있다.

그래서 무슨 포지션에 있든지 간에 이때 승부를 걸어야 한다. 실력도 좋고 운까지 좋은 사람은 20대에도 전성기를 시작할 수 있다. 그러나 10년 혹은 20년 늦게 시작해도 끝이 좋으면 큰 차이는 아니라고 본다. 30대 혹은 40대 승부를 본다는 심정으로 슬로우 스타트를 하더라도 이때 잘하면 된다. 일이 아니라 가정에서도 이 나이는 중요한 나이이다. 결혼해서 배우자와 아이가 있을 수 있다. 그리고 위로는 연로한 부모님이 계실 수 있다. 앞서 말한 책임감에 이 범위도 포함된다. 안으로도 중요한 결정을 내리고 실제 실행을 하고 경과를 관리해야 할 나이이다. 어려운 나이라고 볼 수 있다. 그러나 그만큼 성장하게 가련이다.

나이가 들수록 약해진다고 생각할 것은 아니다. 경험은 계속 단단해져 갈 것이고 수만 번 바둑을 두어도 절대 똑같은 판은 나오지 않는다는 말처럼 하루를 새롭게 보낼 수 있다. 인생은 사람들의 흔한 말처럼 다 똑같지 않다. 삶이 비슷해 보일 수 있어도 완전히 동일하지 않다. 그렇게 보면 승부를 걸 나이에 마인드를 항상 새롭게 할 필요가 있다. 매일 시대 흐름을 끊임없이 공부한다는 심정으로 살아야 한다.

그리고 원하는 꿈이 크다면, 성장의 시기에 타인의 젊음을 써서 성장해야 한다. 언제나, 어디에 자신이 있을 수 없다. 젊음이 유한한 것처럼 어디에나 본인이 다 일을 할 수는 없다. 필요시 적절히 직원들을 두고 그들과 함께 성장한다는 마음으로 일하면 본인이 꾸리는 제국은 더 커질 수 있다.

94

구휼에는 조건부가 없다

개인적인 믿음임을 밝혀둔다. 구휼에는 조건이 없어야 한다. 자신의 신념에 따라 기회의 균등을 핵심으로 하는 평등의 개념을 확장하여 모든 이에게 동일한 조건을 주어야 한다고 주장하는 사람들이 있다. 특히 나라에서 주는 혜택은 더욱 그래야 한다고 말한다. 예컨대 무상 지원을 하는 경우 남녀노소 구분 없이 모든 이에게 하거나 그렇지 않으면 아무에게도 그런 것을 제공해서는 안 된다고 한다. 그런데 실상 아무런 실행이 없으면 문제가 되니 변화를 위해 저리의 융자지원을 선택하는 경우가 많다. 그것이 힘을 움직이면서 비수혜자들에게 비판을 조금이라도 덜 받는 것임을 알고 있기 때문이다.

그러나 인류 역사는 그동안 희생당해 온 약자들을 보호해야 사회가 제대로 돌아갈 수 있다는 진실을 알고 있다. 자신의 선택이 아니었고 사회 안에서 교류하며 살 때 피치 못 하게 기회를 부여받을 수 없는 때도 있다. 먹고 사는 문제에 있어서 즉, 기초적인 생활에 있는 경우는 최소 보장을 해야 한다. 교육과 의료에까지 이는 확장되어야 한다. 지금은 힘들지만, 나중에 본인과 자신의 가까운 가족이 성장할 수 있는 희망을 주어야 한다. 예나 지금이나 의식주는 기본이다. 정말 입고 먹고 사는 데 문제, 그리고 사회화가 되는 데 기초적으로 받아야 할 교육과 의료는 필수이다. 만약 예상치 못한 상황에 따라 이러한 요소들을 갖추지 못했을 때 나라는 구휼의 개념으로 사람들을 도와야 한다.

때로 예산의 문제로 다수결의 정책 결정 문제로 무조건적 정부 지원이 없을 수도 있다. 그리고 적시에 그 지원이 나오지 못할 수 있다. 만약 자신이 경제적으로 부유한 상태라면 개인적으로나마 사람들을 도와야 한다. 이미 훌륭한 사람들은 정기적 혹은 재난, 재해 발생 시 의연금 등 기부금을 내고 있다. 이런 사람들이 많아질수록 사회는 더 아름다워진다. 이런 아름다움을 만들어가는 일에 같이 동참했으면 한다.

강하고 담대하라

Bible을 보면

강하고 담대해지라는 말이 반복되어 나온다.

두려워하지 말고 놀라지 말며

강하고 담대해지라는 말이 나온다.

단순히 바꿔 말하면 자신감 있고 용기 있게 행하라는

이야기로 받아들일 수 있다.

실제 시작은 굳은 의지와 즉각적인 행동에서 비롯된다.

그 점을 생각해 보면

마음과 행동이 강하고 담대해야 함은 자명하다.

일단 생각하고 바로 해보는 것

그게 가장 중요하다.

책이 나오기까지

책이 나오기까지 내 안의 게으름, 때론 두려움과 싸웠습니다. 그러나 그 과정을 버텨냈기에 이렇게 마무리도 있는 듯합니다. 혼자만의 싸움인데 곁에서 많이 도와주고 응원해 준 가족들이 있었기에 이렇게 이겨냈습니다.

가족들에게 다시 한번 감사하다고 이야기하고 꼭 사랑한다고 말하고 싶습니다. 그리고 제 생각을 읽어준 분들께도 깊은 감사의 말씀을 올립니다.

2025. 7.
미니다미 드림